W0211510

ullstein

SENNA GAMMOUR

IN DEIN GESICHT!

ERFOLG IST DIE BESTE RACHE

Ullstein

Besuchen Sie uns im Internet:
www.ullstein.de

MIX
Papier
FSC® C083411

Originalausgabe im Ullstein Taschenbuch
1. Auflage September 2020
© Ullstein Buchverlage GmbH, Berlin 2020
unter Mitarbeit von Astrid Herbold
Seite 118: Aus dem Song »Wenn der Vorhang fällt«
aus dem Album *Quadratur des Kreises*, 1997
Umschlaggestaltung: zero-media.net, München
Titelabbildung: © Dhana Sabira
Satz: KompetenzCenter, Mönchengladbach
Gesetzt aus Weiss und Meta
Druck und Bindearbeiten: CPI books GmbH, Leck
ISBN 978-3-548-06224-2

INHALT

FÜR EUCH ALLE

Dieses Buch widme ich allen Frauen da draußen, die gerade an sich zweifeln und denken, es geht nicht mehr.

Ich will euch was sagen: Zusammen schaffen wir das.

Frauen haben es schwer, schon seit Jahrhunderten. Sie werden immer von irgendwem verurteilt. Dafür, was sie machen oder was sie nicht machen. Dafür, wie sie aussehen oder wie sie sich verhalten. Dafür, dass sie Erfolg haben oder dass sie keinen Erfolg haben. Dafür, dass sie schon so alt sind, oder dafür, dass sie noch so jung sind. Dafür, dass sie viele Kinder bekommen oder dass sie keine Kinder bekommen. Egal, was sie tun: Es wird immer von irgendwem bewertet.

Alle reden die ganze Zeit über Frauenpower.

Die meisten wissen gar nicht, was das ist.

Fangen wir doch mal ganz vorne an: Ich LIEBE Frauen. Nicht auf eine sexuelle Art und Weise, sondern einfach für das, was sie sind. Für ihr Wesen. Frauen sind unsere Vorbilder, lange bevor irgendein Lehrer uns in der Schule was beibringt. Sie schenken uns das Leben.

Als Mütter lieben sie uns, bevor irgendwer sonst uns liebt. Und wenn sie keine Mütter sind, sind sie unsere Schwestern, Tatas, Cousinen, Freundinnen.

Frauen sind so wichtig. Die Welt braucht Frauen! Deshalb: Lasst euch von niemandem mehr bremsen!

PS: Ich habe nichts gegen Männer. Ich finde Männer cool. Manchmal wünsche ich mir, ein Typ zu sein, weil manches dann wirklich einfacher wäre. Wäre ich ein Mann, würde ich die Frauen auch lieben. Viele Frauen sogar. Und sie würden sich nicht streiten – weil ich jeder Frau gerecht werden würde. Ich würde sie alle GLÜCKLICH machen.

Aber Gott wusste, warum ich kein Mann geworden bin. Und ich bin wirklich froh, eine Frau zu sein.

KAPITEL 1

UND JETZT?

Wir haben die sieben Phasen des Liebeskummers durchgemacht, wir waren shoppen und auf Ibiza. Und der ganze Urlaub war ECHT teuer.

Aber wir haben es geschafft: Der Typ ist weg und vergessen.

Wir haben uns bei meiner letzten Show sogar zusammen den Chip aus dem Kopf rausoperiert, den sie uns als kleinen Mädchen ins Gehirn gepflanzt haben. Als die Erwachsenen uns eingeredet haben, dass jeder Typ, der uns rumschubst und an den Haaren zieht, uns in Wahrheit liebt: *Der ärgert dich doch nur, weil er dich mag.* BULLSHIT!

Aber was jetzt?

Wie geht's weiter?

Du fragst dich: *Wie werde ich glücklich als Single?*

Du willst unabhängig sein. Du willst stark sein. Du willst dir was leisten können. Du willst essen, was du willst, gehen, wohin du willst. Du willst erfolgreich sein – mit etwas, das dir Spaß macht. Nicht im Büro hocken. (Wobei: Vielleicht gibt es Menschen da draußen, denen genau das Spaß macht. Und ich DANKE euch sehr! Weil sonst ja niemand mehr im Büro sitzen und arbeiten würde.)

Du musst herausfinden, was dich erfüllt. Du brauchst ein ZIEL.

Sagen wir, es erfüllt dich, in Cafés zu hocken. Du kannst guten Kaffee von schlechtem unterscheiden. Du liebst es, zu backen und zu kochen. Jetzt fragst du dich: *Okay, aber was kann ich daraus machen?* Mach doch ein Café auf! Aber finde erst mal einen Job, um ein bisschen Kapital dafür anzusparen. Es ist egal, was du arbeitest. Versuch, nebenbei, abends und am Wochenende an deinem Businessplan zu arbeiten. Vielleicht brauchst du auch einen Kredit von einer Bank. Oder du hast Familie, die dich unterstützt. Aber du musst dir klarmachen, dass das viel Verantwortung ist. Rede mit anderen, die schon ein Café haben. Frag sie aus: *Worauf muss ich achten?* Sie werden dir sagen, dass es ein 24/7-Job ist. Dass du Fachwissen brauchst. Wie geht Buchhaltung? Wie läuft das mit den Steuern? All das beansprucht Zeit. Also fang an!

Ihr denkt vielleicht, ich hatte es einfach. Weil ich mein Ziel als Sängerin ja schon sehr jung erreicht habe. Nein, stimmt nicht! Im ersten Buch habe ich euch erzählt, wie lange es gedauert hat, bis ich eine Plattenfirma gefunden hatte, wie lang der Weg zu Monrose war.

Nach Monrose gab es einen großen Einschnitt. Ich

wusste nicht, wohin mit mir. Als ich an dem Punkt war, an dem der Kummer vorbei war, habe ich mich gefragt, wie es jetzt weitergeht. Ich war bereit, ein neues Leben anzufangen. Ich saß zu Hause und habe überlegt: *Was kann ich gut? Und was kann ich BESSER?*

Ich kann singen.

Aber was ich noch besser kann, ist REDEN.

Also habe ich das zu meinem Beruf gemacht.

Ich habe das Bild noch genau vor meinen Augen, wie ich im Wohnzimmer Schuhkartons aufgestapelt habe. Mein Handy hatte ein Spiderman-Muster auf dem Display, weil es mir ein paarmal runtergefallen war und ich mir kein neues leisten konnte. Damit habe ich mich dann gefilmt. Ich habe über Liebeskummer geredet und wie ich ihn überwunden habe.

Da ich keine Filme schneiden konnte und keinen Plan hatte von Social Media, habe ich dieses 15-minütige Video so lange immer wieder aufgenommen, bis kein Fehler mehr drin war.

Das Video habe ich auf YouTube hochgeladen. Vielen gefiel es. Andere fanden es lächerlich. Das wirst du auch noch durchleben. Es gibt immer Menschen, die deine Ideen schlechtmachen. Sogar die, die dich lieben, versuchen manchmal, dir Sachen auszureden. Weil sie Angst haben, dass du damit fällst. Nimm das nicht so ernst, sei nicht böse deswegen. Hör einfach nicht hin.

Aber erzähl mir nicht, du kannst nicht!

Ich hatte kein Stativ, ich hatte nur Schuhkartons. Weil es kein professionelles LED-Licht gab, habe ich einfach drei Lampen hingestellt. Die schönsten Sachen aus meiner Wohnung wurden für den Background zusammengesucht. Weil ich kein Laptop besaß und kein Schnittprogramm, habe ich es so lange aufgenommen, bis ich zufrieden war. In einer Notlage wird man kreativ. Wer sagt, dass du eine Hightechkamera brauchst oder das beste Licht?

Die wichtigste Zutat, um erfolgreich zu werden, besitzt du doch schon längst.

Denn das bist DU selbst!

Ich wusste damals nicht mal, wie ich mir einen YouTube-Account mache. Weiß ich bis heute nicht. Auch nicht, wie man sich eine E-Mail-Adresse einrichtet. Leute, glaubt mir, ich bin wirklich internetbehindert! Ich habe keine Ahnung! Vor Kurzem habe ich an meinem Fernseher eine Funktion gefunden, mit der man Sendungen, die man verpasst hat, nachträglich anschauen kann. Durch Zufall entdeckt! Ich habe einfach alle Knöpfe gedrückt. Das Problem ist: Ich habe den Knopf danach nie wiedergefunden.

Auf YouTube kamen die Views über Nacht. Tausende. Das war krass! Plötzlich hatte ich einen ersten roten Faden: Ab dem Zeitpunkt habe ich jede Woche ein Video hochgeladen.

Als das immer erfolgreicher wurde und ich über hunderttausend Abonnenten gewonnen hatte, bekam ich von YouTube Werbe-Placements. Und eine Firma kam auf mich zu, die mich exklusiv als Markenbotschafterin haben wollte. Dafür haben sie mir einen Vorschuss bezahlt. Von dem Geld konnte ich erst mal mein Leben bestreiten und mir ein neues Handy kaufen.

Nur für euer Verständnis: Ich bin nicht in den nächsten Laden gegangen und habe mir Klamotten gekauft! Sondern ich habe meine ersten Einnahmen bewusst eingesetzt. Nach und nach kamen mehr Deals rein – und irgendwann stand ich wieder auf der Bühne.

Ich habe jetzt in meinem Leben zweimal riesigen Erfolg gehabt. Aber es gab dazwischen einen Cut, ich war weg, aus allem raus. Ihr kennt die Geschichte von meiner Mama, die Krebs bekommen hat, aus dem ersten Buch. Ich habe nie bereut, dass wir Geschwister uns in dieser Zeit sehr viel um sie gekümmert haben – im Gegenteil. Ich hätte mir das niemals vergeben, wenn ich damals nicht für sie da gewesen wäre.

Aber wenn du einmal raus bist und dann wieder reinwillst ins Showbiz, fühlst du dich wie ein Fremdkörper. Es ist, als ob du noch mal laufen lernen musst. Erfolgreich zu werden, auf einen Schlag, das ist noch relativ einfach. Aber diesen Stempel zu tragen: Sie war weg vom Fenster! Das wird in Deutschland gleich als Misserfolg interpretiert.

Keiner sagt: Vielleicht ruht sie sich aus. Oder kümmert sich um etwas anderes. Ich wollte damals nicht öffentlich über mein Privatleben reden. Ich habe auch nicht daran gedacht, wie ich Platten verkaufe oder wie ich zurückkomme auf die Bühne. Oder ob ich derzeit *populär* bin oder gut aussehe oder mir Extensions reinmachen sollte.

Als meine Mutter für ein CT in die Röhre musste, hat sie mich gefragt: *Senna, hier sind doch nur Frauen im Raum, oder?*

Ich habe ihr gesagt: *Mama, mach dir keinen Kopf.*

Sie hat gemeint: *Ich fühle mich so unwohl.*

Das hat mir mein Herz gebrochen.

Ich habe zu der behandelnden Ärztin gesagt: *Schick alle Männer raus!*

Ich klang dabei sehr unfreundlich, aber sie war super verständnisvoll: *Ist überhaupt kein Problem.*

Dann wurde meine Mutter in die Röhre geschoben, und man hat gemerkt, wie sehr sich das Krankenhauspersonal um sie bemühte. Da war viel Respekt zu spüren. In dem Moment kam aus Versehen ein Arzt an. Unsere Ärztin hat den richtig angeschrien: *Raus!* Er hat das sofort verstanden und meinte nur: *Ich guck nicht.*

Das war mein Alltag, meine Beschäftigung.

Ich musste mir so viele böse Sprüche darüber anhören, warum ich weg und abgetaucht war. Aber das hat mich nicht interessiert. Ich war froh, dass meine Mutter den Krebs überlebt hat.

Und jetzt ist sie 70 Jahre alt! Wenn sie eines Tages gehen muss – und gehen müssen wir alle –, dann weiß ich, ich hatte die schönsten Momente mit ihr. Wir konnten miteinander lachen, sogar in den schlimmsten Situationen.

Als alles überstanden war, musste ich von vorne anfangen in meinem Business. Ich habe ja auch nichts anderes gelernt. Und damit kommen wir wieder zum

Ursprung: Du musst dich kennenlernen, bevor du einen Plan schmieden kannst.

Und damit meine ich nicht nur deine Stärken. Das Schwierige wird sein, auch deine schlechten und schwachen Seiten kennenzulernen. Und dann aus allem das BESTE zu machen. Ich sag es dir noch mal: Der Einzige, der dir im Weg steht, bist du selbst. Es gibt sogar Menschen, die hatten noch nicht mal Schuhkartons – und haben ihr Ziel trotzdem erreicht und sind glücklich und erfolgreich.

Es hat nichts mit den materiellen Dingen zu tun, die du zur Verfügung hast.

Es ist allein DEIN WILLE!

Dieses Buch wird dich zum Erfolg bringen und dich auch begleiten, wenn du falsche Entscheidungen triffst. Wenn du fällst, wird es dir die Hand reichen. Es wird dir beim Aufstehen helfen. Und du wirst stärker sein als je zuvor, das verspreche ich dir.

Du wirst dich nicht mehr aufhalten lassen von irgendwelchen Menschen, die sagen: *Du kannst es nicht.* Du wirst dir selber zeigen, dass du es kannst. Es braucht dazu deinen Ehrgeiz, deinen Mut, deine Freundlichkeit, dein Herz und deinen Verstand. Das alles wird dich zum Ziel führen.

Ich kann dir nicht sagen, wann und wo du ankommen wirst. Aber ich werde dir zeigen, dass dein Weg spannend sein wird, abenteuerreich, schön, auch anstrengend. Und am Ende wird alles gut. Und bevor das nicht passiert, ist es nicht das Ende.

Das ist deine Liste:

Was kannst du nicht so gut?

* ______________________
* ______________________
* ______________________
* ______________________

Was kannst du gut?

* ______________________
* ______________________
* ______________________
* ______________________

KAPITEL 2

SUPPORT IST KEIN MORD

Das Geheimnis ist: sich zu fokussieren. Die Geräusche um dich herum auszuschalten. Es ist fast wie eine Meditation. Ich musste mir das hart antrainieren. Indem ich nicht ins Internet gegangen bin, mich nicht mit den Profilen anderer Leute beschäftigt habe. Ich habe auch kaum Fernsehen geguckt – wenn, dann nur alte Liebesfilme, deren Ende ich schon kannte. Ich habe mich voll und ganz auf mein Thema und mein Projekt konzentriert.

Wenn du aus einer Liebesgeschichte rauskommst, die dir Herzschmerz bereitet hat, oder aus einem unangenehmen Job oder aus einer anderen Lebenslage, die nicht gut war – dann sind deine Tränen irgendwann versiegt, deine Augen so dick geschwollen. Du willst die Geschichte auch niemandem mehr erzählen.

Du bist wirklich bereit für einen Neuanfang! Nur hast du immer noch keine Ahnung, wie das geht.

Ich sag dir, der allererste Schritt ist die wachsende Selbstliebe. Du kannst sie in drei Wochen erreichen, in drei Monaten oder vielleicht erst nach drei Jahren.

Bleib mal eine Weile für dich.

Setz dich mit dir selbst auseinander.

Fokussier dich auf niemanden sonst.

Keine Telefonate. Keine Dates. Nur du – und du! Mach das mal. Sei meinetwegen voller Selbstmitleid oder voller Wut. Aber erkenn endlich, dass es geil ist, du zu sein! Es gibt Dinge, an denen musst du vielleicht noch arbeiten. Aber es gibt auch Dinge, an denen kannst du nichts ändern.

Vielleicht hast du eine hohe Stirn, die du noch nie mochtest. Du kannst es mit einem Pony versuchen. Aber der steht dir nicht. Und dann? Du hast deine hohe Stirn ja immer noch.

Fang an, deine Stirn als wunderschön zu betrachten.

Du hast sie, weil du einfach mehr Gehirnmasse besitzt – verstehst du? Dein Gehirn braucht Platz! So wirst du ab jetzt mit dir reden! Wenn du nicht mehr abgelenkt bist von den Meinungen der anderen, merkst du, dass du total in Ordnung bist.

Nimm dir mehr Zeit für dich! Beschäftige dich mit deinem Charakter, deinen Interessen, deinen Talenten.

Das ist der erste Schritt zum Erfolg!

Dann nimmst du ein Blatt Papier und schreibst auf, was du wirklich willst im Leben. Sei nicht bescheiden! Selbst wenn du Präsidentin werden willst. Schreib es hin! Vielleicht wirst du eines Tages Präsidentin von den sieben Zwergen. Aber du bist eine Präsidentin geworden! Stell dir das alles vor, meditiere darüber, komm zum Einklang mit dir selber. Das hört sich jetzt wie irgendein Guru-Scheiß an. Aber glaub mir, es hat mir auch geholfen.

Und zum Einschlafen – denn du brauchst gesunden Schlaf – kannst du dir Delfingeräusche anhören oder Wellen oder Vögel im tropischen Regenwald. Leute, das habe ich auch gemacht! Und es war echt gut! Es hat meine Gedanken beruhigt. Und in der Ruhe liegt bekanntlich die Kraft.

Wenn du die Selbstliebe langsam fühlst, wie sie jeden Tag ein bisschen wächst, dann bist du bereit für alles andere, was kommt. Für die Arbeit, die Zweifel, den Gegenwind. Aber auch für die Veränderungen, den Erfolg, die Glücksmomente. Aber du musst vorher diesen ersten Schritt machen. Du musst dich selbst akzeptieren. Loyalität fängt bei dir selber an! Sei dir gegenüber loyal. Nur wenn du dich selbst liebst, kannst du zu dir stehen. (Und warum das so wichtig ist, das erklär ich dir später noch.)

Was dich von deiner Selbstliebe auch ablenkt, sind deine Fake Accounts.

Mit denen guckst du dir heimlich Leute an, die du nicht magst. Vielleicht fühlst du dich in dem Moment besser, wenn du über ihre Dummheit lachst. Trotzdem nimmt es dir deinen Fokus. Ich habe damit aufgehört. Das war hart, so ähnlich, wie mit dem Rauchen aufzuhören. Am ersten Tag ging's mir nicht gut. Am zweiten Tag haben meine Hände ein bisschen gezittert, weil meine Freundinnen gesagt haben: *Hast du schon gesehen …? Hast du schon gehört …?*

Ich gebe es zu: Ich war süchtig nach meinem Fake Account. Ich wollte sogar eine Gruppe gründen: die AA – die Anonymen Accounts. Seit ich mir das abgewöhnt habe, schlafe ich besser. Ich sag auch meiner Community, dass ich nichts davon hören will, wenn jemand schlecht über mich redet. LASST MICH DAMIT IN RUHE!

Es gibt zum Beispiel eine Seite, die »deckt« auf: dass Influencer ihre Bilder bearbeiten. Dass sie sich operieren lassen, es aber nicht zugeben! Auf der Seite werden Vorher-Nachher-Fotos gepostet. Auch von mir. Sorry, Leute, aber ich kapier den Sinn nicht.

Ein Vorher-Nachher-Foto von einem Star gibt dir als Mensch doch kein größeres Selbstbewusstsein! Vielleicht fühlst du dich für einen Augenblick überlegen. Weil du jetzt weißt, aha, die sehen ja in echt gar nicht so perfekt aus. Aber es geht wieder nur ums Äußere. Das ist doch total oberflächlich!

Selbstbewusstsein kommt von innen. Ich verstehe Menschen nicht, die es geil finden, wenn jemand in einer unvorteilhaften Pose zu sehen ist. Andere Frauen werden runtergemacht? Das ist doch nichts Positives!

Fake-Beauty-Seiten sollen angeblich der Jugend die Augen öffnen. Da siehst du dann eine Kim Kardashian, die vor zehn Jahren, als sie ihre Bilder noch nicht bearbeitet hat, ganz anders aussah. Na und?

Was ist der Unterschied zwischen dir und Kim Kardashian? Sie hat vielleicht auch Augenringe, Cellulite oder irgendwelche Makel. Aber sie ist reich! Sie kommt klar. Sie kann jederzeit zum Beauty-Doc gehen, wenn sie will. Eine junge Frau, die sich diese Vorher-Nachher-Bilder anguckt, wird sich vielleicht für fünf Sekunden gut fühlen. Aber dann wird sie wieder dieses Scheißgefühl haben, wenn sie an sich selbst denkt. Weil sie eifersüchtig auf den Reichtum einer anderen ist …

Auf diese Weise bringt man doch niemandem Selbstbewusstsein bei! Das alles lenkt dich doch nur ab!

Ist doch egal, ob jemand operiert ist und seine Bilder zu Tode bearbeitet. Ist doch alles scheißegal! Warum muss man deshalb Hass verbreiten?

Das machen übrigens vor allem junge Frauen. Männer interessiert das überhaupt nicht. Und eine reife Frau – die hat einen Job, Kinder und einen nervenden Mann zu Hause, die hat überhaupt keine Zeit für so einen Bullshit. Menschen, die Selbstliebe empfinden und erfolgreich sind, beschäftigen sich gar nicht mit solchen Seiten. Ich beschäftige mich auch nur damit, weil ich betroffen bin.

Leute, ich sag's euch: Es gibt KEINE hässlichen Menschen. Es gibt nur Menschen mit wenig Selbstwertgefühl. Denn Selbstwertgefühl ist harte Arbeit. Glaubt mir!

Anstatt auf solche Seiten im Internet zu gehen, guck lieber in dich rein. Wenn du deine Zeit damit verbringst, auf andere zu schauen, läuft deine eigene Zeit ab. Du wirst nie erfahren, wer du wirklich bist.

Außerdem: Es gibt keine Vorbilder auf Instagram! Dein Vorbild sollte deine Mutter sein, die 44 Stunden in den Wehen lag und dich rausgepresst hat. Oder vielleicht ist es jemand anders aus deinem inneren *Circle*, der einen tollen Charakter hat und Gutes tut. Oder nimm dich selbst zum Vorbild! Versuch eine bessere Version von dir selbst zu werden.

Versteht mich nicht falsch: Ich mag es, andere Menschen anzuschauen. Ich mag es, Geschichten über andere Menschen zu lesen. Aber ich brauche keine Bilder, um mich auf Kosten anderer besser zu fühlen. Ich will aus meinem eigenen Körper heraus sagen: *Boah, das bin ICH! Es ist so GEIL, ich zu sein!* Das will ich schaffen. Dieses Gefühl will ich erreichen. Ohne dabei eingebildet, arrogant oder narzisstisch zu werden.

Ich will einfach stolz auf mich sein.

Für mich heißt Feminismus: dass wir unseren Wert kennen. Dass wir uns so nehmen, wie wir sind. Und sogar unsere angeblichen Makel zu schätzen lernen. Ich mache mich stark für mein Geschlecht und schwäche es nicht. Von anderen Frauen hässliche Bilder posten – das ist doch nur Zickerei.

Da kann ich nur sagen: Kommt mal klar, Leute!

Unsere ganze Gesellschaft ist unzufrieden. Aber wer keine Selbstliebe spürt, dem helfen auch keine Filter und keine Fake-Beauty-Seiten. Ich frage mich oft, warum gerade Frauen so hasserfüllt sind.

Ich glaube, das hat mit den Medien zu tun, die uns eine bestimmte Vorstellung von Schönheit und Erfolg vermitteln. Immer wieder wird ein neues Ideal ausgerufen: erst kleine Nase, jetzt großer Arsch. Was ist mit den Frauen, die keinen großen Arsch haben? Mein Arsch ist ein 90er-Jahre-Arsch. Er ist sehr vielseitig. Manchmal sitzt er weit oben – und manchmal im ersten Untergeschoss. Sind wir Frauen mit den kleinen Ärschen nicht weiblich?

Die unsichere Frau mit dem flachen Arsch wird vielleicht zum Beauty-Doc gehen und sich einen Riesenarsch implantieren lassen. Trotzdem findet sie sich nicht schön. Was macht sie dann? Beschafft sich einen Fake Account und projiziert ihre Unzufriedenheit auf andere Frauen.

Zu Popstars-Zeiten war ich überhaupt nicht auf dem heutigen Level meines Selbstbewusstseins. Ich dachte, meine Beine sind viel zu dünn. Ich fand meinen Körper nicht schön.

Das war aber nicht der Grund, warum ich mich nicht für ein bekanntes Männermagazin ausgezogen habe, als damals die Anfrage kam. Für mich war klar: Warum soll ich mich ausziehen, um in einer TV-Show weiterzukommen? Damit ich am Ende in die Band komme? Das habe ich absolut abgelehnt. Aber *guess what*: Ich kam bei diesem Magazin später trotzdem auf die Titelseite. Ich trug eine Tunika und eine Radlerhose.

Ich wollte selbst entscheiden, ob und wann ich mich im Bikini zeige.

Letztlich habe ich es erst mit 37 Jahren gemacht. Wir waren im Thailand-Urlaub, weit weg vom Schuss, auf einer Insel. Ich bin den ganzen Tag im Bikini rumgelaufen, und es war total normal. Ich hab mich absolut wohlgefühlt mit mir selbst. Da habe ich dann das Bild auf Instagram gepostet.

Vorher hab ich allerdings noch mit meiner Freundin diskutiert: *Dürfen wir das? Was sagen die anderen?* Bis mir einfiel: Seit wann frage ich andere um Erlaubnis? Ich habe das Bild meiner Mama geschickt und meiner Schwester. Die waren natürlich dagegen. Aber sie meinten: *Wenn du's machen willst, mach halt.*

So ist es bis heute: Meine Familie akzeptiert meine Entscheidungen – aber auf Instagram muss ich mit fremden Menschen darüber Diskussionen führen, wie ich was zu machen habe?! Entschuldige mal! Manche wollen es einfach nicht raffen, dass ich sie nicht fragen muss.

Ihr könnt jetzt sagen, okay, aber bei Popstars hast du gesagt, dass du dich niemals ausziehen wirst. Stimmt. Nur gibt es einen Unterschied zwischen einem Männermagazin und Instagram: Es ist MEIN fucking Account! Wenn ich keinen Bock mehr auf die Fotos habe, lösch ich sie raus. Bei einem Magazin hätte ich diese Macht abgegeben. An den Fotografen, den Redakteur, den Verlag.

Meine Beine habe ich vor Monrose jahrelang in Hosen versteckt. Aber als ich zu Popstars kam, gab es eine Stylistin, die uns die Kleider genäht hat. Wir mussten in Unterwäsche vor ihr stehen, damit sie Maß nehmen konnte.

Diese Frau kam aus den 80ern, sie war rebellisch, feurig, hatte eine wilde Mähne. Purer Feminismus auf zwei

Beinen. Ein Wirbelwind! Ich war total fasziniert von ihr. Als sie zu mir sagte: *Zieh dich mal aus*, habe ich nur mein Oberteil ausgezogen und die Hose angelassen.

Sie meinte nur: *Äh, GANZ ausziehen.*

Mit X-Beinen stand ich schließlich vor ihr, die Hände über der Brust gekreuzt.

Sie: *Kannst du dich mal gerade hinstellen?*

Habe ich gemacht.

Sie guckte mich an und sagte dann sinngemäß: *Du hast SO schöne Beine, ich würde für deine Beine morden!*

Das war der Punkt, an dem ich angefangen habe, meine Beine anders wahrzunehmen. Durch das Kompliment habe ich gemerkt, dass andere Menschen meine Beine ganz anders betrachten als ich. Diese Frau hat mir ein gutes Gefühl gegeben. Sie hat mir den Weg zu mehr Selbstvertrauen gewiesen. Genauso, wie ich euch mit meinen Büchern ein gutes Gefühl geben und euch einen Weg aufzeigen will.

Bei meiner Liveshow spüre ich dieses starke Gefühl auch, das Frauen sich gegenseitig geben können. Das ist eine wunderbare Erfahrung! Frauen, die sich selbst lieben und die diese Liebe weitergeben können.

Eine dieser Frauen zu werden – das sollte dein erstes Ziel sein!

Der erste große Schritt zu deinem erfolgreichen Leben

Die To-do-Liste

(Schreib auf, was du wirklich willst – aber denk zuerst genau nach. Und dann sei nicht bescheiden!)

* ______________________
* ______________________
* ______________________
* ______________________
* ______________________
* ______________________

KAPITEL 3

FAKE IT TILL YOU MAKE IT?

Manchmal bin ich ein bisschen enttäuscht von meinem Geschlecht. Es gibt so viele Frauen, die alles negativ sehen. Wir bräuchten wieder mehr Frauen wie aus den 60ern und 70ern, die es nicht nötig hatten, gehässig auf andere zu gucken – weil sie viel zu hart beschäftigt waren mit sich selbst. Damit, um ihre Rechte zu kämpfen. Sie wollten mehr Freiheiten! Sie wollten ihr eigenes Leben leben!

Ich habe den Eindruck, junge Frauen sind heute unsicherer als vor 40 oder 50 Jahren. Meine Mutter kam sehr jung und ohne Geld nach Deutschland. Aber, wow, war sie stark! Und sie hat das Ding gerockt. Heute trägt sie im Sommer ein langes Gewand – und geht mit mir Hand in Hand durch die Straßen. Obwohl ich einen sehr kurzen Rock anhabe. Sie hat kein Problem damit, der Welt zu zeigen: DAS ist meine Tochter! Sie nimmt mich, wie ich bin. Dabei hätte sie als Einzige das Recht, mich zu kritisieren oder mir etwas zu verbieten – weil sie mir mein Leben geschenkt hat.

Dass die jungen Frauen heute weniger selbstbewusst sind, kommt sicher auch durch Social Media. Ich wusste früher nicht, welche Klamotten andere tragen. Ich habe einfach meinen eigenen Stil kreiert. Das höchste der Gefühle war es, dass ich mal eine Zeitschrift durchgeblättert habe. Aber niemand hat sich jeden Tag Zeitschriften gekauft.

Auf der Goethestraße in Frankfurt gab es diese ganzen edlen Läden. Wir haben uns als Teenager nicht mal getraut, da reinzugehen! Heute siehst du in jedem teuren Laden haufenweise Jugendliche, die aus der Schule kommen, alles anprobieren, Fotos machen. Sie tun so, als wäre das alles schon ihres: *Fake it till you make it.*

Wir haben uns inspirieren lassen von Serien wie *Beverly Hills 90210* oder von Sängerinnen wie Janet Jackson. Dann haben wir versucht, unsere Klamotten mit dem zu kombinieren, was wir uns leisten konnten. Wie ich meine erste Levi's Jeans bekam? Ich habe damals in einer Pizzeria gearbeitet. 400 D-Mark Lohn pro Monat. Ich habe mich so reich gefühlt! Nebenbei habe ich geputzt und damit noch mal 300 Mark gemacht. Also hatte ich schon 700! So viel selbst verdientes Geld – das war ein krasses Gefühl!

Ich dachte damals, ich bin richtig schlau: Deshalb bin ich in den Ferien nach Marokko geflogen und habe mir für 100 Mark erst mal zehn gefakte Levi's besorgt. In Deutschland habe ich mir später für 110 Mark eine echte gekauft. Hatte ich also insgesamt elf Jeans, eine echte und zehn unechte. Am Ende habe ich nur die echte getragen. Die unechten waren verschnitten, schlechte Qualität. Ich hatte darin vier Arschbacken, drei Beine, der Reißverschluss saß hinten. (Frauen können sich übrigens auch was einklemmen. Nicht schön!!!)

Was ich daraus gelernt habe? Wenn du dir etwas leisten willst, sparst du und wartest notfalls ein bisschen länger. So habe ich es auch mit meinen ersten Nike-Turnschuhen gemacht. Mit meinen ersten Reeboks, meinem ersten Eastpak-Rucksack. Und *guess what*: Das hat meinen Charakter gestärkt. Weil ich hart für meine Wünsche gearbeitet habe und die Dinge dadurch zu schätzen wusste.

Und weil ich so beschäftigt war mit Geldverdienen, hatte ich gar keine Zeit, neidisch auf andere zu sein!

Das ist für mich Erfolg. Wenn du es durchziehst.

Egal, ob es um deine erste Markenjeans geht oder deinen ersten Plattendeal.

Ob es dein Schulabschluss ist oder dein Traumpraktikum.

Heute haben alle zu viel Zeit, alles scheint greifbar, jeder weiß ganz genau, was der andere macht, was er trägt, wo er ist. Und jeder hat zu allem eine Meinung! Und viele sind trotzdem total unzufrieden mit sich selbst.

Ich weiß, dass Social Media eine Fake World ist. Tagtäglich wird uns da vorgespielt, wie schön angeblich alles ist. Die Jacht, das Meer, der Strand. Sogar die Wolken werden gefaked für uns. Versteht ihr? Was von Natur aus perfekt ist, wird trotzdem bearbeitet.

Mich motivieren diese Bilder trotzdem. Wenn ich ein großes Haus sehe mit einem krassen Kleiderschrank, bin ich nicht neidisch. Mich interessiert nicht, wie die Besitzerin das Haus und den Schrank bekommen hat. Alter, da müsste ich ja viel Zeit investieren, um das zu recherchieren! Ich habe nicht mal die Geduld, zu meiner Bank zu laufen und mein Girokonto aufzuräumen. Aber ich find den Schrank einfach schön. Also überlege ich mir, wie ich selbst zu so einem Schrank kommen könnte. Und wenn es jetzt noch nicht klappt, dann arbeite ich darauf hin. Ich könnte mir doch vielleicht aus meiner kleinen Kammer einen Ankleideraum machen? Mit ein bisschen Farbe und ein paar Brettern.

Jeder sucht sich selbst aus, was er anklickt.

Ich lasse mich gerne inspirieren, aber ich lasse mich nicht manipulieren. Ich guck mir reiche Menschen an, arme Menschen, operierte Menschen, glückliche Menschen, melancholische Menschen. Ich sehe darin nichts Negatives. Ich sehe nur, dass ich dankbar sein kann für mein Leben.

Dankbarkeit ist ein großes Thema für mich. Weil ich so viele Chancen im Leben hatte.

Aber wenn ihr jetzt denkt: *Ja, klar, Senna hatte immer Chancen – ich noch nie!*

Leute: Chancen hat jeder, Unmengen an Chancen! Sie zu erkennen, das ist die Kunst! Viele Menschen sehen gar nicht, dass sie eine Chance haben. Menschen, die frustriert und traurig sind, denken immer, das Glas ist halb leer.

Menschen mit Herz und Verstand, die sehen überall Chancen. Sie sagen: *Halb volles Glas? Darin könnte ein kleiner Fisch überleben, bis ich ihn zum Ozean gebracht habe.*

Ein unzufriedener Mensch sagt: *Das macht doch alles keinen Sinn, lass den Fisch verrecken.*

Der zufriedene Mensch nimmt das halb volle Glas, steckt den kleinen Fisch da rein – und rennt! Bis er den großen Teich sieht.

Social Media ist nicht scheiße! Es ist nur dein Spiegelbild. Es zeigt dir, was du sehen möchtest. Was du likst und kommentierst. Es zeigt dir, was du bist. Guck dir mal deine Freundschafts- oder Abonnentenliste an. Wie viele davon kennst du? Wie viele haben dir geholfen? Mit wie vielen hast du jemals ein tiefgründiges Gespräch geführt? Wie viele davon liebst du? Wie viele inspirieren dich? Wie viele werden dich im Leben weiterbringen?

Ich sage dir: Von den 500, denen du folgst, bleiben vielleicht zehn übrig. Die anderen halten dich nur davon ab, der Mensch zu sein, der du sein möchtest. Und in dieser Welt, in der jeder alles darstellen kann, was er will, verliert man leicht den Blick dafür, wer man wirklich ist.

Über mich wurde immer gesagt: Sie ist wie eine Schwester, sie ist herzlich, laut, direkt, sie ist schön, sie ist eine Königin.

Ich sage dir was: Das alles bist DU auch! Und wenn du es im Moment noch nicht bist, bring ich dich da hin. Und dann bringst du es anderen bei. Verstehst du? Damit es nie mehr ein Ende nimmt!

Nochmal für dich:

Was ist Erfolg?

Wenn du deinen Plan
bis zum Ende durchziehst.

Wenn du zufrieden bist
mit dem Ergebnis.

MEHR als zufrieden!

KAPITEL 4

NUR MEINE MEINUNG

Hass, Quälerei, Zerstörung – das ist alles von Menschen gemacht. Kein Tier und keine Pflanze rennt rum und will dir das Leben schwer machen. Oder hast du schon mal erlebt, dass ein Baum zu dir kam und gesagt hat: *Ganz ehrlich, ist nur meine Meinung, aber ich finde, du solltest weniger Make-up tragen.* Oder hat schon mal ein Hund zu dir gesagt: *Sorry, aber deine Stimme klingt scheiße, ist halt einfach die Wahrheit.* Kein Tier auf dieser Welt macht das – nur der Mensch.

Und ich sag euch auch, welcher Mensch das macht. Der, der zu viel Zeit hat. Diese Leute vergeuden meine Energie. Dann heißt es immer: *Senna, du bist nicht kritikfähig!* Aber warum sollte ich auch von Fremden Kritik annehmen?

Das wäre ja so, als würde ein Mensch auf der Straße zu einem völlig Fremden hingehen und sagen: *Stopp! Ich finde es nicht in Ordnung, dass Sie diese Schuhe tragen! Dafür mussten Kinder arbeiten und Tiere sterben.*

Der Angesprochene würde vielleicht noch versuchen,

sich zu verteidigen, und antworten: *Aber das sind doch vegane Sneakers, hergestellt in Deutschland! Und alles mit Zertifikat!*

Daraufhin würde der Kritiker sagen: *Ach, Sie sind Veganer? Warum verzichten Sie nicht komplett aufs Essen? Da würden Sie der Menschheit mehr helfen!*

Ihr lacht und denkt, ich übertreibe? Überhaupt nicht! So was passiert jeden Tag auf Social Media!

Ehrlich, Leute, die einzige Kritik, die ich annehme, ist die von meinem Spiegelbild. Oder von meiner Mama. Sie ist diejenige, die alle Arten von Schlappen an meinen Kopf geschmissen hat, wenn ich nach meinem Kindergeld gefragt habe. Und unsere Mütter sind sehr treffsicher. *Mama, wo ist mein Kindergeld?* Darauf habe ich bis heute keine Antwort.

Ich hasse Menschen dafür, dass sie zu allem eine Meinung haben und alles kommentieren müssen: *Schämst du dich nicht, einen Strohhalm zu benutzen? Kannst du nicht aus der Flasche trinken? Wegen dir geht die Welt unter!*

Ach so, ich bin also der Schlüssel für das Überleben der Menschheit. War mir nicht klar, dass ich SO wichtig bin. Wenn Plastik schlecht ist, dann verbietet es doch. Damit habe ich überhaupt kein Problem. Aber die meisten Menschen werden nicht von allein aufhören, Dinge zu benutzen, an die sie sich gewöhnt haben. Ihr müsst es einfach aus dem Sortiment nehmen!

Vor einiger Zeit hatte ich einen schlimmen Streit mit einem Geschäftspartner. Es hat mich so blockiert, dass ich nicht mehr arbeiten und kreativ sein konnte. Ich konnte nicht schlafen, hab fünf Kilo abgenommen.

Warum? Weil diese Firma dachte, ihre Meinung zählt mehr als meine. Das geht rechtlich nicht, aber das geht vor allem menschlich nicht.

Wenn ich mit Menschen zusammenarbeite, dann freiwillig und partnerschaftlich. Mit Emotionen und Herzblut. Natürlich gibt es oft Diskussionen. Das kenne ich von Veranstaltern, von Verlagen, von Plattenfirmen. Ich habe mich trotzdem nie untergeordnet. Und mit 40 Jahren mach ich es erst recht nicht. Ich sage: *Entweder wir machen es so, wie ich es haben möchte, oder wir machen es gar nicht.*

Nicht falsch verstehen: Es geht mir nicht um Macht. Ich will einfach das Beste für mein Produkt. Viele Firmen wollten mit mir schon Machtspiele spielen. Es geht ihnen in dem Moment nicht um die Sache. Die wollen nur ihren Schwanz auf den Tisch legen. Aber *guess what*: Ich hab einen größeren.

Ich glaube, dass viele Frauen Schwänze besitzen. Und Frauen, die Schwänze haben, wissen, wie man damit umgeht. Man sucht sich das nicht aus. Das hat mit Schicksalsschlägen zu tun oder mit der *Attitude*, mit der man zur Welt gekommen ist. Bei mir ist es so: Ich bin eine schöne Frau. Ich bin eine intelligente Frau. Und ich habe mehr Kraft als zehn Männer.

Aber ihr könnt mir glauben: Ich versuche WIRKLICH, die ruhige, nette Senna zu sein! Nur merke ich, dann kacken die anderen mir wieder auf den Kopf. Die ruhige Senna kriegt NICHTS durchgesetzt. Niemand nimmt sie ernst.

Wenn ich mit Zöpfen komme, ziehen sie an meinen Zöpfen.

Wenn ich aber mit einem Baseballschläger komme, zieht mich keiner mehr an den Haaren.

Die laute Senna kriegt ihren Willen. Dabei sage ich immer noch das Gleiche, nur jetzt mit anderer Tonlage. Auf einmal funktioniert's.

Um Erfolg zu haben, ist es wichtig, dass du reichlich Selbstbewusstsein mitbringst. Denn du wirst verunsichert werden. So viele Meinungen prasseln plötzlich auf dich ein. Deswegen halte ich meine Kreise klein. In meiner Musik darf fast niemand mitreden, da höre ich nur auf mich. Und bei meiner Realityshow dürfen die was sagen, die vor der Kamera mitwirken – die anderen nehme ich nicht ernst. Bei meinen Büchern, da zählen erst mal nur meine Lektorin und ich.

Wenn du mehr Leute dazuholst, verwirrst du dich nur. Denn jeder Mensch hat seine eigene Meinung. Aber manchmal ist diese Meinung nicht hilfreich.

Wusstet ihr, dass Lenny Kravitz in den frühen 80ern etliche Absagen von großen Plattenfirmen gekriegt hat, weil ihnen seine Musik zu weiß, zu schwarz und zu wenig radiotauglich war? Er sollte sich ändern, anpassen. Hat er nicht gemacht. Er hat sein erstes Album selbst finanziert und genau so umgesetzt, wie er es wollte. 1989, als es fertig war, haben die Plattenfirmen sich gegenseitig überboten, um ihn unter Vertrag zu nehmen. Weil es so geil war!

Oder die Autorin von *Harry Potter*, J. K. Rowling –

ihr Buch wurde von zig Verlagen abgelehnt. *Nein danke, nicht interessant für uns.* Hat sie es umgeschrieben? Hat sie ihren Plan aufgegeben? Nein! Am Ende ist sie zu einem kleinen Verlag gegangen und hat den riesig gemacht. Heute ist sie eine der reichsten Autorinnen der Welt. Warum? Weil sie an sich und ihre Idee geglaubt hat.

Das sind Beispiele, die ich mir als Vorbild nehme. Ich habe keine Wahnvorstellungen oder bin größenwahnsinnig. Aber ich weiß, was gut und was schlecht ist. Und vor allem weiß ich, was ICH will.

Merk dir: Wenn du über die Straße läufst, haben zehn Leute, an denen du vorbeigehst, schon eine Meinung über dich. Sie gucken dich an und denken: *Ihr Hut sieht scheiße aus!* Aber wenn du deinen Hut so hart feierst, wirst du ihn mit so viel Würde tragen, dass andere Menschen plötzlich zu H&M rennen und exakt nach dem Hut suchen.

Gerade wenn du ein Newcomer bist, egal, in welcher Branche, kommen Leute und wollen deine Ideen angeblich *verbessern*. Lass dich nicht einschüchtern! Auch wenn du nicht studiert hast und nicht ihre gehobene Sprache sprichst. Sie haben vielleicht mehr Geld und mehr Erfahrung. Aber es ist DEIN Baby.

In meiner Branche ist das besonders extrem: Denn ich bin ja diejenige, die ihr Gesicht in die Kamera hält. Ich muss den Hate aushalten. Oder den Höhenflug. Deshalb beharre ich auf meinem Standpunkt. Es sind ja auch meine Kanäle, und es ist meine Community.

Selbst wenn dein Projekt am Ende floppt – und das

kann passieren –, wirst du damit okay sein. Vielleicht hat die Welt keinen Bock auf dich. Vielleicht kommt deine Idee zu früh. Vielleicht zeigen alle mit dem Finger auf dich: *Wir haben es dir doch gesagt! Warum hast du nicht auf uns gehört?* Das ist dir dann aber egal. Du stehst dazu. Du verlierst mit Würde. Aber du hast keine faulen Kompromisse gemacht, die du nachträglich bereust.

Manchmal machst du eine Bauchlandung – nur um anschließend noch höher zu fliegen. Dann kommen sie alle an und sagen: *Oh, das haben WIR toll gemacht!* Aber du weißt: Nur DU warst das. Du allein.

Es gibt Situationen, da darfst du auf andere hören. Da solltest du sogar auf andere hören. Wenn meine Freundin Clumsy – sie heißt eigentlich Seyda – zu mir sagt: *Ich will nicht, dass du zu dieser Produktionsfirma gehst und denen aufs Maul haust.* Dann hat sie recht, und ich höre auf sie. Weil: Polizei, Gericht, BILD-Zeitung. Das brauchen wir nicht, das wollen wir nicht.

Aber wenn andere meinen, sie können meinen Job besser als ich, dann hör ich nicht mehr hin. Ich lasse mich nicht beirren. Es ist ja auch niemand zu Albert Einstein gegangen und hat gesagt: *Danke, super Formel, die kaufen wir dir ab und ändern sie dann noch ein bisschen.* Oder zu Pablo Picasso: *Das ist ganz schön, dein Bild, aber wir machen lieber noch mehr Grün rein.*

Meine Erfahrung ist: Wenn es langsam losgeht mit dem Erfolg, hast du auf einmal sehr viele Leute an der Backe, die alle von deinem Kuchen ein Stück abhaben wollen. Sie versuchen sich in dein Projekt reinzuquetschen und dir ihre Meinung aufzuzwängen. Sie sagen: *Hey, ich meine es doch nur gut.*

Ich schwöre euch: Eines meiner größten Erfolgsrezepte ist es, mich von diesen Leuten und ihren Ratschlägen abzuschirmen. Ich lasse nur die in meine Nähe, die bei der Zeugung und der Geburt meines Babys dabei waren. Die Tatas und Onkels. Auf die höre ich. Weil ich ihnen vertraue und weiß, dass sie mich kennen und meine Arbeit schätzen.

Denn am Ende des Tages muss ich Spaß daran haben, Sachen zu posten oder zu verkaufen. Wenn ich etwas blöd finde oder mich schäme, kann ich nicht dazu stehen. Nur wenn ich auf eine Sache richtig stolz bin, wenn ich es hart feier, kann ich andere überzeugen. Deshalb habe ich immer meine Meinung gesagt und auf mein Gefühl gehört. Ich rede jetzt nicht von dem Gefühl, das du beim Shoppen hast. Oder wenn du einen weggesoffen hast. Oder wenn du deinem Fuckboy schreibst. Ich rede von einem wahren Gefühl, das du vor einer Entscheidung hast, die dein LEBEN verändern wird.

Ein Mensch, der so handelt, wird polarisieren. IMMER.

Das ging mir schon bei Monrose so. An den Songs haben wir nicht mitgeschrieben, aber die Plattenfirma hat uns das Rohmaterial zur Vorauswahl geschickt. Einmal haben sie uns drei Songs vorgeschlagen, zwei waren gut, aber den dritten, *Hot Summer,* fanden wir sofort krass. Ich saß mit meinem Management in Berlin und hab sinngemäß gesagt: *Der Song ist ein HIT!* Die Plattenfirma wollte alle drei Songs kaufen – aber als erste Single lieber eine Ballade rausbringen. Ich war absolut dagegen!

Ich habe mich nicht von meiner Meinung abbringen lassen. Wir haben *Hot Summer* dann aufgenommen, und es war klar, dass wir den Song mit aufs Album nehmen. Aber es war immer noch nicht klar, mit welcher Single wir zuerst rausgehen. Es gab ein RIESEN-Theater. Mit allen möglichen Drohungen meinerseits: *Ich steig aus der Band aus, macht euren Scheiß alleine!*

Irgendwann haben wir – die zwei Mädels und ich – uns durchgesetzt.

Wir sind dann nach Kopenhagen geflogen, um das Album aufzunehmen. In dieser Zeit wurden die Charts veröffentlicht. Ich weiß noch, wie jemand zu uns kam und sinngemäß sagte: *Ich hab die Zahlen.* Es klang nicht euphorisch. Alles ging mir in dem Moment durch den Kopf: Unsere Karriere ist vorbei, Monrose ist Geschichte. Nur weil wir auf *Hot Summer* als erster Single bestanden haben. Im gleichen Moment dachte ich: Aber der Song ist trotzdem geil!

Ich habe dann ganz vorsichtig gefragt: *Okay, sag mir, wo wir sind: Top 20? Top 30?*

Ich war auf das Schlimmste gefasst. Wenn du mit der ersten Single deines zweiten Albums nur in die Top 30 kommst – das ist der Tod jeder Band! Du musst Top 10 schaffen.

Was haben wir mit *Hot Summer* geschafft?

Deutschland Platz 1, Österreich Platz 1, Schweiz Platz 1.

Es gibt Menschen, die haben mehrere Schüsse. Mehrere Möglichkeiten im Leben. Ich gehöre zu denen, die nur einen *Shot* kriegen. Und selbst um diesen Schuss, diese eine Chance, musste ich oft hart kämpfen. Ich bin mehrmals gefallen, hab geblutet. Hatte die Hoffnung fast aufgegeben. Aber ich habe trotzdem immer gedacht, doch, das wird noch was. Es fühlte sich einfach RICHTIG an.

Deswegen, noch mal: Lasst euch niemals in Sachen reinreden, die aus eurem Inneren kommen. Keiner wird es je so verstehen oder so fühlen wie du. Keiner kann es so zum Erfolg bringen wie du.

Denk immer dran:

Ich schwimm nicht
mit dem Strom.

Ich schwimm nicht
gegen den Strom.

ICH BIN
DER STROM.

BY MISSGAMMOUR

KAPITEL 5

DAVID GEGEN GOLIATH – LET'S GO!

Gehen wir zurück in meine Kindheit: Ich wurde gemobbt. Ich wurde ausgelacht. Ich kann mich an eine krasse Situation in der 3. Klasse erinnern. An einem Tag kam ich leider zu spät. Es war Winter, und meine Mutter hatte mir zwei Strumpfhosen übereinander angezogen. Und darüber noch einen Schneeanzug. Ob es eiskalt war oder nicht – ich musste den anziehen. Ich sag euch, ich habe echt nicht gefroren. Bei mir war immer Sahara. An diesem Morgen war ich wie gesagt zu spät, dabei war die Schule eigentlich ganz in der Nähe. Nur bin ich schon immer eine Träumerin gewesen. Immer langsam gelaufen. Ich hatte einfach meinen eigenen Rhythmus.

Als ich ins Klassenzimmer kam, war die ganze Klasse schon da. Die saßen still auf ihren Stühlen. Auffällig still. Ich habe mich leise auf meinen Platz gesetzt. Alle haben auf irgendwas gewartet und mich beobachtet. Ein paar Kinder hatten mir nämlich Reißnägel auf den

Stuhl gelegt! Dank meiner Mutter und dem Schneeanzug habe ich aber nichts gespürt. Irgendwann bin ich aufgestanden. Mit den Reißzwecken am Arsch. Die Klasse hat sich totgelacht. Das war so unangenehm – weil ich ja immer noch nicht wusste, worum es überhaupt ging. Ich hatte panische Angst, dass ich ein Loch in der Hose habe. In dem Moment habe ich zum ersten Mal gespürt, wie sich Mobbing anfühlt.

Die meisten Lehrer haben nichts davon mitgekriegt, wenn ich geärgert wurde. Deshalb wurden meine Mitschüler auch nicht bestraft. Bis heute frage ich mich: Kann es sein, dass Lehrer das nicht merken? Ich war lange eine Außenseiterin. In der Grundschule habe ich mir meine Fantasiewelt aufgebaut und mit mir allein gespielt.

Meine Familie war nicht arm, aber auch nicht reich. Meine Mutter konnte mir zum Beispiel keine echten Barbies kaufen. Also hatte ich halt die unechte Barbie aus dem Aldi. Eine dunkelhaarige Aische mit dünnen Plastikbeinen. Nicht die mit den biegsamen Kniegelenken und den blonden Locken.

Zu Hause habe ich gerne performt. Hab mir Geschichten ausgedacht und bei Familienfeiern kleine Theaterstücke vorgeführt. Großes Gehör habe ich damit nicht bekommen; die anderen Familienmitglieder haben sich mehr fürs Lammkotelett interessiert als für mich.

Damals fing das vermutlich mit meiner Lautstärke an. Ich wollte wahrgenommen werden. Ich wollte zeigen: Ich kann was. Ich hatte mir ja Mühe mit meiner

Performance gegeben. Dafür wollte ich Applaus. Ich wollte die Bestätigung, dass ich in etwas gut bin. In der Schule habe ich diese Bestätigung nicht bekommen. Zu Hause auch nicht immer. Meine Mutter musste ja sehr viel arbeiten für ihre vier Kinder. Ich habe mich dann eine Weile ziemlich zurückgezogen. Habe dauernd Tiere mit nach Hause gebracht. Amseln, Würmer, Babyeichhörnchen. Fragt mich nicht, wie und wo ich die gefunden habe.

In der Schule ging das Mobbing weiter. Warum? Es hatte sicher damit zu tun, dass ich ein Mädchen war, dass ich eine große Nase hatte, dass ich kurze Haare trug, dass ich Muslima war, dass ich nicht die echte Capri-Sonne dabeihatte … Alles spielte da mit rein.

An eine der schlimmsten Situationen kann ich mich gut erinnern. Ich musste während der Pause dringend auf Toilette, und zwar groß. Das war mir total unangenehm. Mir hat richtig der Bauch wehgetan. Ich bin zum Klo gegangen und hab versucht, mich nicht auf die dreckige, eklige Kloschüssel zu setzen. Ich wollte einfach schnell mein Geschäft erledigen. Aber dann waren plötzlich ein paar Mitschüler auch in der Toilette.

Ich kann mich noch an alle Namen erinnern – so sehr hat sich das in mein Gehirn eingebrannt! Sie haben sich auf die Klobrille in der Nachbarkabine gestellt und über die Trennwand geguckt. Ich konnte nicht aufstehen, ich war ja gerade mitten in meinem Geschäft. Aber die sind einfach nicht weggegangen, sondern haben mich ausgelacht. Kinder können so grausam sein.

Jetzt als Erwachsene stehe ich da natürlich drüber. Vergessen habe ich es trotzdem nicht. Weil ich aus vielen solcher negativen Erlebnisse später etwas Positives gemacht habe: Ich habe angefangen, mich zu wehren. Ich bin stark geworden.

Ich weiß den Moment noch genau. Es gab eine Schulaufführung, und mittlerweile hatten die Lehrer mitgekriegt, dass ich ganz gut singen kann. Ich war auch im Schulchor. Bei einem Schulfest wollten wir das Musical *Grease* aufführen. Ich habe die weibliche Hauptrolle bekommen. Das Problem war nur: Die männliche Hauptrolle bekam einer der Jungs, die mich am meisten geärgert haben. Ganz, ganz schlimm für mich!

Aber ich konnte besser singen und schauspielern als er – ich war künstlerisch begabter. Das hat ihn ziemlich aufgeregt. Jedenfalls hat er mich in einem stillen Moment hinter der Bühne zur Seite genommen. Kurz vor der Aufführung. Meine Mutter saß schon im Publikum. Früher trugen nicht viele Frauen Kopftuch. Meine Mutter war die einzige an der ganzen Schule. Heute ist das in manchen Stadtteilen anders, da musst du vermutlich eher die offenen Haare suchen. Damals kannte niemand Muslime. Die wussten nichts über uns. Die Deutschen dachten vermutlich, wir beten das Schwein an. Deswegen essen wir kein Schwein. So ungebildet waren die. Wirklich! Heute hat sich das stark verändert, die junge Generation ist teilweise besser informiert als ich. Die kennen sich mit Ramadan aus und allem. Das freut mich echt!

Jedenfalls zog Chris mich zur Seite: *Weißt du, warum deine Mutter Kopftuch trägt?*

Ja, hab ich gesagt, *weil sie religiös ist.*

Nein, Mann! Sie hat keine Haare auf dem Kopf!

Wenn ich heute als Erwachsene über die Szene nachdenke, denke ich, dass dieser Junge damals auch keine Schuld hatte. Er hatte ein Problem mit mir, warum auch immer. Aber er war auch nur ein Kind. Vielleicht haben seine Eltern zu Hause schlecht über Ausländer geredet.

Als Kind habe ich nur gemerkt, dass der mich die ganze Zeit ärgert. Und dass er jetzt auch noch meine Mutter beleidigt. Meine MUTTER! Das ist mir durch den Kopf geschossen.

Wir sind dann zurück auf die Bühne gegangen. Aber er fing immer wieder an. Da hab ich ihm eine reingehauen. Eine richtige Bombe habe ich ihm verpasst, auf offener Bühne! Das war meine Neuinterpretation von *Grease*. Grease on the Street, Alter. Und darauf war ich sehr stolz!

Keiner hat kapiert, was da zwischen den zwei Kids vor sich geht. Keiner hat die Wut verstanden, die ich in diesem Moment verspürt habe. Heute ist das manchmal ähnlich, wenn ich mich auf Instagram mit jemandem beefe. Weil meine Freunde fertiggemacht worden sind – und ich sie verteidige. Dann denken die Leute auch: Senna ist wieder mal aggressiv. Dabei kennen sie die Vorgeschichte nicht. Sie wissen nichts von den Provokationen. Denn die werden ja nicht ausgesprochen, während alle zuhören.

Mein Schicksal ist es, dass ich hinterher immer als die Böse dastehe. Damals bei der Theateraufführung natürlich auch. Meine Mutter war stinksauer auf mich. Obwohl ich versucht habe, es ihr zu erklären:

Mama, der ärgert mich! Der quält mich!

Wir sind nur Gast hier, Senna. Das hat meine Mutter gesagt.

Das war schlimm für mich. Obwohl ich in diesem Land geboren bin, denkt sie, dass wir nur zu Gast sind? Sie hat das damals eben so empfunden. Sie wurde auch von vielen Deutschen so behandelt.

Zum Glück hat sich das irgendwann verändert. Jetzt würdest du meine Mutter niemals mehr aus Deutschland wegkriegen. Frankfurt ist ihre Heimat. Mehr als das Dorf in Marokko, wo sie geboren wurde. Aber damals hat sie sich Sorgen gemacht. Dass ich von der Schule fliege. Dass ich auf die schiefe Bahn gerate. Weil die Deutschen uns nicht verstehen. Weil sie unser Temperament nicht kennen. Unseren Familienzusammenhalt. Weil meine Mutter nur wenig Deutsch konnte, war es schwer für sie, sich mit der Schule oder den Lehrern zu verständigen. Sie wollte einfach ihre Kinder beschützen. Damit wir uns unsere Zukunft nicht kaputt machen.

Außerdem hat sie immer gesagt: *Ein Mädchen macht so was nicht, Senna! Was denken die Leute über uns?*

Das ist bei uns Arabern, Türken, Albanern und so weiter immer ein Riesenthema: Was denken die Leute über uns?

Die *Grease*-Aufführung war trotzdem ein Wendepunkt in meinem Leben.

Der Junge hatte ab dem Tag Angst vor mir und hat mich in Ruhe gelassen. Er hat mir sogar in der Pause mal sein Knoppers geschenkt. Es war dann auch vorbei mit dem Mobbing. Auf einmal war ich cool – und er war out. Ich wurde sogar zu den Geburtstagsfeiern in die schicke Gegend eingeladen, wo die Leute in großen Häusern gewohnt haben. Das war für mich, als wäre der rote Teppich für mich ausgerollt worden.

Heute denke ich: Das ist doch eine gestörte Welt. Weil ich mir nichts mehr gefallen lassen habe, war ich plötzlich der Chef. Vielleicht habe ich deshalb so einen starken Beschützerinstinkt entwickelt. Es tut mir immer weh, wenn ich sehe, wie Menschen fertiggemacht werden.

Falls du selbst in so einer Situation bist, denkst du vielleicht, dass keiner weiß, was du durchmachst. Du denkst, dass du es deinen Eltern nicht sagen kannst. Du denkst, dass du nur noch abhauen willst, auswandern, alles hinter dir lassen. Du fragst dich, ob du zur Polizei gehen sollst – oder ist das doch übertrieben? Ich sag euch: Mobbing kann Menschen richtig kaputt machen!

Ich wurde als Teenager auch mal richtig hart verprügelt. Wenn ich mich richtig erinnere, war das in der siebten oder achten Klasse. Es lief eigentlich mittlerweile ziemlich gut bei mir. Meine beste Freundin und ich waren beliebt, und die Jungs fanden uns scharf. Aber an diesem Tag war meine Freundin nicht da. Ich war allein im Schulgebäude unterwegs. Da kamen auf einmal zwei ältere, große, kräftige Mädchen auf mich zu. Viel breiter als ich. Ich war auf dem Weg vom Chemie- zum Biounterricht. Ich musste die Treppe runtergehen. Plötzlich standen die beiden hinter mir und haben mich geschubst. Ich bin hingefallen und hab mir hart wehgetan. Die haben dann auf mich eingeprügelt. Richtig zugeschlagen. Zu zweit gegen eine. Das war ein schreckliches Gefühl. Irgendwann ist zum Glück ein Lehrer dazwischengegangen. Ich musste zum Direktor, habe Ärger bekommen und einen Eintrag. Weil er mir nicht geglaubt hat, dass ich angegriffen wurde.

Das fand ich total ungerecht, ich hatte ja gar nichts gemacht.

Zu Hause wollte ich meine blauen Flecken mit Makeup kaschieren, damit sich meine Mutter keine Sorgen macht. Meine ältere Schwester hat das mitgekriegt. Wir waren schon immer die besten Freundinnen. Sie war da, wenn ich sie gebraucht habe. Jedenfalls ist sie sofort losgegangen, um die beiden Mädels zu suchen – und hat sie irgendwann im Einkaufszentrum auch gefunden und zur Rede gestellt. Die haben sich eingeschissen vor Angst, Alter! Meine Schwester ist so krass! Danach kamen die zwei und haben sich bei mir ausführlich entschuldigt.

Was ich euch damit sagen will: Ich habe selbst schon Angst gehabt in meinem Leben. Scheißangst. Und ich kann es nachempfinden, wie es sich anfühlt, wenn man gemobbt oder verprügelt wird. Alle Außenstehenden sagen dann: *Wehr dich doch! Lass dir das nicht gefallen!* Manchmal ist das aber nicht so einfach. Manchmal kannst du deine Angst nicht allein überwinden. Ich hatte zum Glück eine ältere Schwester. Mein Rat ist: Vertrau dich einer Person an, die mehr Mut hat und die etwas unternimmt. Denn es muss etwas unternommen werden. Du kannst es nicht so stehen lassen.

Auch wenn du denkst, dass es peinlich ist – rede mit jemandem. Es ist in Ordnung, schwach zu sein.

Hätte mir damals meine Schwester nicht geholfen, hätte ich mir andere Hilfe gesucht. Vielleicht wäre ich zu meinem Bruder gegangen, vielleicht zu meiner Mutter. Denn ich wusste: Wenn ich mich nicht wehre, geht das immer so weiter. Und das wollte ich nicht! Mein Leben soll doch kein Gefängnis aus Angst sein! Nachdem die beiden sich bei mir entschuldigt hatten, ist mein Selbstbewusstsein wieder ein Stück gewachsen.

David gegen Goliath – let's go! (Ihr kennt bestimmt die Geschichte von dem kleinen Jungen, der einen bösen Riesen nur mit seiner Steinschleuder besiegt hat? Stein an den Kopf – zack, war der Riese tot.) Mut hat also nicht immer mit Lautstärke oder Körpergröße zu tun. Sondern damit, wie du zu dir selbst stehst. Wenn das Leben dich zusammentritt, musst du deine ganze Energie aufbringen. Du musst aufstehen, dir Hilfe suchen und für dich kämpfen.

Manchmal geht das nicht von heute auf morgen. Ich musste lernen, selbstbewusst zu sein. Das hat viele Jahre gedauert. Zum Glück hatte ich eine Familie, die hinter mir steht. Nicht jeder hat das. Aber es gibt immer jemanden da draußen, der größer und stärker ist als du. Den du rufen kannst. Der dir helfen wird. Trau dich!

Und sei zuversichtlich: Gott (oder nenn es Schicksal oder Karma) ist auf deiner Seite! Alle, die mir im Leben wehgetan, mich geschlagen, beklaut, bloßgestellt haben, die Lügen über mich verbreitet haben – ich schwöre euch, jeder Einzelne hat sein Karma bekommen.

Ich habe in meiner Kindheit so viel erlebt, was mich als Erwachsene immer noch prägt. Kindheit ist eben nicht nur Erziehung und Familie – du kannst die geilsten Eltern haben, aber wenn dein Umfeld in der Schule nicht gut ist, dann hast du ein Problem. Mein Glück war, dass ich meine Familie hatte. Ich habe viel Liebe bekommen. Deswegen konnte ich immer zu ihnen hinrennen, wenn irgendwas ungerecht war.

Aber ich frag mich, was passiert mit den Kindern, die das nicht haben? Die in der Schule Scheiße erleben? Und zu Hause Scheiße erleben? Sie haben wirklich ein hartes Schicksal. Wenn ihr solche Menschen kennt, dann achtet auf sie. Helft ihnen umso mehr! Lasst sie nicht allein.

Viele Jahre später bin ich mal zu einem Klassentreffen gegangen. Da war ich schon bei Monrose. So stellt man sich ja immer die ultimative Rache vor. Wie in einem Kinofilm. Als Kind – wenn die anderen Kinder mich mal wieder fertiggemacht haben, dann habe ich gebetet: *Bitte, lieber Gott, lass mich irgendwann erfolgreich sein!* Damals wusste ich überhaupt noch nicht, wie ich das anstellen könnte. Meine Berufswünsche waren: Tierärztin oder Polizistin.

Vor dem Klassentreffen hat mich jemand aus der Klasse auf Facebook angeschrieben. Der Ton war natürlich ganz anders als früher, sinngemäß so:

Könnte ich dich vielleicht kurz stören, liebe Senna? Ich weiß, du hast sehr viel Stress …

Ja, klar, ich hatte Stress. Ich habe trotzdem zugesagt. Das Treffen war in einem Jugendclub, wo wir früher unsere Nachhilfestunde hatten. Ich fühlte mich sofort zurückgebeamt in die Vergangenheit. Nur dass die ehemals geilen Typen jetzt die fettesten Bäuche hatten. Und ganz dünnes Haar. Und null Style!

Manche der Frauen hatten ihre Traummänner gefunden und Kinder bekommen, und ich habe mich für sie gefreut. Andere lebten von Sozialhilfe oder hatten Aushilfsjobs. Auch die, bei denen wir früher dachten, die werden sicher Anwälte.

Aber wisst ihr, was das Krasse ist? Früher dachte ich immer: Ich werde beim Klassentreffen einen Riesenauftritt haben. Ich werde hammergut aussehen. Aber so war es gar nicht. Ich sah ganz normal aus. Ich habe auch nicht viel geredet. Ich wollte die anderen nur sehen.

Das ist das Schöne daran, wenn man erwachsen ist. Der Abstand zu den schlimmen Erlebnissen in der Kindheit wird größer – und vor allem hast du Frieden mit dir selber gemacht. Ich hatte es nicht mehr nötig zu sagen: *Guckt, was aus euch geworden ist. Und guckt, was aus mir gewor-*

den ist. Ich wollte mich gar nicht mehr auf eine höhere Stufe stellen. Jeder lebt das Leben auf seine Weise. Und das ist vollkommen in Ordnung. Als Kinder waren wir vielleicht nicht immer nett zueinander. Aber jetzt sind wir alle Erwachsene. Und wir begegnen uns auf einer anderen Ebene. Einfach nur als Menschen.

Nochmal für dich:

Martin Luther King hat immer gepredigt, dass man der Gewalt mit Liebe begegnen soll.

Ich habe mich eher an Malcolm X orientiert:

Was zu viel ist, ist zu viel.

Ich habe mich gewehrt.

Bis es aufgehört hat.

Und ich lass mich selbst nie mehr im Stich.

KAPITEL 6

BESSER UNTERSCHÄTZT ALS ÜBERSCHÄTZT

Ich kann mich an das erste Buch erinnern, das ich mir als Teenager gekauft habe: die Biografie von Malcolm X. Damals kam gerade der Film über sein Leben von Spike Lee mit Denzel Washington raus. Ich wollte nicht nur den Film schauen, sondern auch das Buch kennen! Das war das erste Buch, das ich freiwillig gelesen habe. Als ich Jahre später Liebeskummer hatte, bin ich wieder in Buchhandlungen gegangen und habe alles gekauft, was ich kriegen konnte.

Bei Malcolm X war es mir nicht peinlich, ich habe das Buch stolz nach Hause getragen. Die Bücher gegen Liebeskummer waren nicht so cool. Ich habe sie schnell in die Tasche gesteckt und nach Hause getragen. In diesen Büchern gab es auch wenig Antworten auf meine Fragen, deshalb habe ich irgendwann mein eigenes Buch zu dem Thema geschrieben. Und wisst ihr, was ich feier: dass ihr *Liebeskummer ist ein Arschloch* in der Öffentlichkeit und auf Social Media so stolz gezeigt habt! Es war euch nicht unangenehm oder peinlich! Warum auch?

Zurück zu Malcolm X. Wir sind damals mit Mützen und Afrika-Anhängern rumgelaufen, das war Trend. *Boyz 'n the Hood* kam raus, die *Cosby Show*, der *Prince of Bel-Air*.

Und da unsere Vorfahren aus Nordafrika kommen, haben wir uns eingeredet, dass wir auch schwarz sind. So habe ich mich auch verhalten. Ich habe zu meiner Mutter gesagt: *Ich bin nicht Senna.* Sie hat mich gefragt: *Wer bist du denn?* Ich: *Ich trage ein X. Ich bin ein Kind Afrikas. Wir wurden versklavt.* Sie hat gemeint: *Wann wurdest du versklavt? Die Einzige, die dich versklavt, bin ich! Geh in die Küche, und wisch den Fußboden!*

Ich war als Jugendliche auch oft in der Bibliothek. Weil ich schlau wirken wollte. In Bibliotheken riecht es sehr speziell, nach altem Papier. Am Anfang war das ungewohnt, der Geruch und die Stille. Ich dachte: *Was ist denn das für eine Scheiße hier?* Aber als ich öfter zu Besuch war, fand ich den Ort toll. So viel Wissen, so viele Geschichten, so viele Storylines, so viel Real Talk. Versteht ihr, was ich meine?

Ich habe mir Bücher ausgeliehen. Manchmal habe ich vergessen, sie wieder abzugeben. Dann musste ich Strafe bezahlen. Das war bitter! Aber das Coolste war, wenn man drei Stunden zu spät nach Hause kam und die Mutter geschrien hat: *Wo warst du?* Und man dann geantwortet hat: *Ich war in der Bibliothek.* Das war einfach die beste Ausrede. Man wurde immer gelobt: *Ach so, in der Bibliothek – gute Tochter!*

Heute geh ich gerne in Buchhandlungen. Die Leute sind dort sehr zurückhaltend, aber das meinen sie nicht unfreundlich, die mögen einfach ihre Ruhe. Wenn du das respektierst, bist du in dem Verein willkommen. Manchmal sammele ich dort meine Gedanken. Kann ich euch sehr empfehlen!

Ich sag nicht, dass du in einen Buchladen gehen musst, um Ruhe zu finden. Aber ich glaube, um dich zu fokussieren, musst du an einen Ort gehen, der NICHT typisch für dich ist. Vielleicht einen, den du noch nie betreten hast.

Du denkst, du weißt, was Ruhe ist: wenn du nach Hause kommst und die Tür hinter dir abschließt. Nein, das ist keine Ruhe! Es ist nämlich wie in einem lauten Café – und du hast das komplette Café im Kopf mit nach Hause genommen.

Ruhe ist, wenn du nichts hörst – und in deinem Kopf auch deine Sorgen, deine Gedanken und Fragen immer stiller werden. Wenn du diese innere Ruhe findest, strahlst du sie auch aus. Und Gelassenheit brauchst du DRINGEND, bei der ganzen Ignoranz, die dir jeden Tag begegnet.

Wenn ich zum Beispiel über einen roten Teppich laufe, dann könnt ihr davon ausgehen, dass die Interviews dort sich meistens so abspielen:

Journalistin: *Und, Senna, was gibt es Neues?*
Ich: *Ja! Ich habe eine Show geschrieben, die ist immer ausverkauft. Und ich fülle mittlerweile Hallen mit über 2.000 Leuten.*

Sie: *Und sonst so?*
Ich: *Ich habe auch zwei Bücher rausgebracht. Das erste war über ein Jahr auf der Spiegel-Bestsellerliste.*
Sie, schon sehr gelangweilt: *Und sonst?*
Ich: *Ich spreche eine Hauptrolle in dem Film* Pets 2 *und war kürzlich zur Premiere in L. A. eingeladen. Als einziger Gast aus ganz Europa! Ich stand auf dem gleichen roten Teppich wie fucking HARRISON fucking Indiana Jones fucking FORD!!!*
Sie: *Gibt's auch was Interessantes? Vielleicht einen neuen MANN an deiner Seite?*

Ich könnte genauso gut erzählen, dass ich nachts zu Batwoman werde und die Menschen in Berlin vor Außerirdischen rette.

Die Journalistin am roten Teppich würde trotzdem fragen: *Ja, okay, aber bist du mit Batman zusammen? Hast du Sex mit ihm?*

Ich kenn das ja schon. Ich werde oft unterschätzt. Aber wisst ihr was? Es ist besser, unterschätzt zu werden, als überschätzt. Bingo! Viel besser! Zum Beispiel, als ich zum ersten Mal mit Monrose ins Studio gegangen bin. Plötzlich hatten wir mit internationalen Producern zu tun. Die dachten, wir sind eine Castingband und können gar nicht singen. Mandy und Bahar waren ja auch noch sehr jung. Sie hatten tolle Stimmen, aber noch wenig Erfahrung. Ich dagegen war Ende zwanzig und hatte schon zehn Jahre Gesangs- und Bühnenerfahrung auf dem Buckel. Seit ich ein Kind war, habe ich gesungen und meine Stimme mit kleinen Kassettenrekordern aufgenommen. Ich kannte meine Stimme in- und auswendig.

Als wir ins Studio kamen, bin ich direkt zum Mikro gegangen und hab meine Line gedropt. Ich konnte ihre offenen Münder sehen.

Ich habe dann gefragt: *Was soll ich jetzt machen? Die zweite Stimme aufnehmen?*

Die konnten gar nicht glauben, dass ich mich mit Harmonien auskenne. Eigentlich ist das nichts Besonderes, aber dadurch, dass die Producer nichts von mir erwartet hatten, war es in dem Moment etwas Besonderes. Ich bin nicht die beste Sängerin der Welt, aber an diesem Tag war ich Whitney Houston für die! Weil sie dachten, da kommt jetzt irgendeine kleine Maus rein, die grad mal *Lalala* singen kann.

Hätten sie mit einer guten Leistung gerechnet, hätte ich ihnen nicht so imponieren können. Deshalb werde ich gerne unterschätzt. Weil ich dann diesen WOW-Effekt erzeugen kann. Unterschätzt zu werden ist etwas Positives. Weil du mit der Hälfte deiner Kraft und deines Talentes schon sehr weit kommst! Das heißt: Du kannst dir deine Steigerung noch aufheben. Für die nächste Runde.

Ich werde auch oft geistig unterschätzt. Die Leute denken: *Die kann ja nicht intelligent sein, bei der Persönlichkeit.* Und dann kommt noch meine lockere Sprache dazu. Dadurch, dass ich mein Herz auf der Zunge trage und manchmal *Hurensohn* oder *Fick dich* sage, glauben die Leute, dass ich mich nicht artikulieren kann. Dabei ist mein Deutsch sehr gut, und ich kann genau ausdrücken, was ich meine. Nur bei der Kommasetzung, da geh ich nach Gefühl. Geb ich offen zu.

Einmal wurde ich zu einer intellektuellen Gesprächsrunde eingeladen. Das ist etliche Jahre her, ich erinnere mich nur noch vage. Da saß ein Politiker in der Runde. Dann jemand, der sich für Frauenrechte engagiert. Und noch jemand, der irgendwas mit Umwelt erzählt hat ... Keine Ahnung. Ich habe die meiste Zeit nicht zugehört, weil es SO langweilig war. Ich war eingeladen als Person mit ausländischen Wurzeln, die in der Öffentlichkeit steht. Migrationshintergrund, Muslimin, Blablabla. Das hatte ich vorher gar nicht kapiert, dass ich in der Runde der Quoten-Kanake sein sollte. Habe ich erst verstanden, als wir da zusammensaßen. Da fiel mir auf, dass alle anderen alt und weiß waren.

Ich wurde dann von der Moderatorin befragt. So sinngemäß: *Wie ist es denn für Sie, in einer westlichen Region zu leben?*

Ich: *Ich weiß nicht, was Sie meinen. Ich bin in Frankfurt geboren.*

Sie: *Ja, aber Ihre Eltern kommen aus Marokko!*

Das Wort Marokko hat sie ausgesprochen, als wäre das irgendein komischer Ort.

Ma-rok-ko.

Ich musste sofort an dieses Kinderlied denken: *Hab 'ne Tante in Marokko / und die kommt / Und sie kommt auf zwei Kamelen / wenn sie kommt.* (Was ist das überhaupt für ein Song? Ich habe sogar mehrere Tanten in Marokko. Aber auf Kamelen sind die nie nach Deutschland gekommen.)

Leute: Marokko ist DAS Hippie-Land. Da wächst den Leuten das Gras zwischen den Zähnen! Ich schwör's euch! Michael Jackson, Sting, die Rolling Stones – ALLE waren in Marokko. Und sie haben es geliebt! Und sie wurden dort geliebt!

Jedenfalls habe ich dieser Moderatorin geantwortet: *Ja, stimmt, meine Eltern kommen aus Marokko.*

Sie weiter: *Und, wie ist das, als muslimische Frau, hier in Deutschland? Wurden Sie schon mal diskriminiert?*

Die hat mir geredet, als wär ich behindert.

Ja, habe ich geantwortet. *Ich wurde schon mal diskriminiert. Nämlich genau in diesem Moment – von Ihnen.*

Alle im Publikum haben gekichert.

Ich so: *Nee, jetzt mal Spaß beiseite. Warum haben Sie mich überhaupt eingeladen?*

Sie hat dann so was gemeint wie: *Weil Sie stellvertretend für andere muslimische Frauen sprechen können.*

Ich so: *Nee, kann ich nicht! Ich spreche nicht stellvertretend für irgendwen. Ich spreche nur für MICH. Und ich sag Ihnen was: Ich hab kein Heimatland. Auch wegen solchen Leuten wie Ihnen. Ich weiß nicht, wo ich hingehöre. Ich weiß nur eins: Ich hätte heute Morgen nicht aufstehen und herkommen sollen. Das war eine absolute Zeitverschwendung! Ich hätte besser in meinem Bett liegen bleiben sollen. Und genau da geh ich jetzt wieder hin.*

Das Publikum ist durchgedreht, so haben die gelacht. Ich bin aufgestanden und hab die Veranstaltung einfach verlassen.

Warum ich gegangen bin? Manchmal sehe ich einfach keinen Sinn darin, eine Unterhaltung fortzusetzen. Ich will mich auch nicht immer wieder erklären müssen. Ich habe mich schon so oft erklärt – irgendwann ist es auch mal alles auserklärt. Wer mich nicht wirklich kennenlernen will, dem schenke ich auch nicht meine knappe Zeit.

KAPITEL 7

DIE SIEBEN TODSÜNDEN

Kennt ihr die sieben mittelalterlichen Todsünden: Hochmut, Neid, Zorn, Trägheit, Habgier, Völlerei und Wollust? Einigen davon bin ich begegnet. Vor allem bei Fake Friends.

Zorn oder Wut gehören auch zu den Todsünden. Aber manchmal ist Wut gut und überlebenswichtig, finde ich. Manchmal musst du eine schlimme Situation mit deiner Wut durchbrechen. Du musst für dich selbst einstehen und anderen Grenzen setzen. Aber davon erzähl ich euch später noch.

Geiz stört mich auch nicht. Es gibt Menschen, die sparen alle ihre Cents, bis sie Millionäre sind. Meine Mutter sagt immer: *Wärst du ein bisschen geiziger mit deinem Geld gewesen, Senna, dann hättest du heute vier Häuser.* Aber mir tun geizige Menschen leid, weil sie nichts von ihrem Leben haben. Geiz ist für dein Konto sehr gesund, für dein inneres Wohlbefinden nicht.

Ich denke bei Geld immer: Raus damit! Ich lade gerne Leute ein, und wenn jemand Geld braucht, gebe ich es ihm. Meine Mutter meint, das ist nicht gut. Ich antworte ihr: *Mama, ich lebe nur einmal! Was, wenn ich morgen sterbe? Nehme ich irgendwas von dem hier mit? Nein, nichts!*

Wenn man einen Mittelweg finden könnte zwischen Geiz und Verschwendung, wäre das perfekt. Das schaffen aber die wenigsten. Ich habe einen Freund, der bleibt fünf Stunden mit trockenem Mund im Café sitzen. Hauptsache, er muss kein Geld für ein Glas Wasser ausgeben. Er ist unterhaltsam und lustig, und wir akzeptieren ihn, wie er ist. Und dann gibt es noch einen anderen Freund. Er hat nie Geld – weil er es immer ausgibt. Er ist total großzügig, holt für alle Kaffee und vergisst sich selbst. Darüber können wir genauso lachen wie über den Geizigen.

Worüber ich nicht lachen kann, ist Gier.

Wenn du neue Freunde in dein Leben lässt, öffnest du dich automatisch. Sie kriegen Sachen mit. Und du sprichst Sachen aus, die du nur deinen besten Freundinnen erzählst. Warum auch nicht? Ich vertraue meinen Freunden.

Fake Friends ziehen nach und nach alles gierig an sich. Hängen oft mit dir ab, tragen kaum etwas bei, profitieren aber von den anderen. Gier ernährt sich von anderen, lässt sich durchfüttern und hat immer eine Ausrede parat.

Wenn man solchen Menschen etwas erzählt, geht es nicht in Erfüllung. Das heißt, sie sind nicht nur materiell gierig, sondern auch spirituell. Sie haben Auge gemacht.

Jetzt erklär ich das mal für die deutschen Leser: Wenn wir im Arabischen sagen, *mach kein Auge*, dann heißt das nicht, dass du dein Auge rausnimmst und auf mich schmeißt. Es heißt: Sei nicht neidisch, gönn es dem anderen von Herzen. Deshalb sagt man nach einem Kompliment auch noch *MashaAllah*, das bedeutet ungefähr: Was Allah wollte oder Gott wollte es so. Damit drückst du deine Anerkennung und Dankbarkeit aus.

Zum Beispiel: *MashaAllah, du hast so eine schöne Haut.* Schon ist der Satz gesegnet, und du hast nicht Auge gemacht – also deine Worte nicht insgeheim mit Gier oder Neid vergiftet.

Gierige Menschen haben bei mir nie *MashaAllah* gesagt. Dafür wollen sie zum Beispiel beim Thema Männer immer alles ganz genau wissen. *Und, hat er sich gemeldet?* Auch das war keine Frage, die von Herzen kam – sondern es war Neu-GIER! Irgendwann habe ich aufgehört, Sachen zu erzählen.

Gierige Menschen sind wie Schlangen. Sie haben ein Gift in sich. Fake Friends werfen mir irgendwann vor, ich sei rechthaberisch. Dass es lauter negative Seiten an mir geben würde. Die früher übrigens nicht gestört haben. Ja, ich bin temperamentvoll, das gehört zu meinem Charakter. Aber wenn meine Freunde in Not waren, haben sie sich immer gewünscht, dass ich aufbrausend bin!

Ich habe schon viele Freundschaften im Leben verloren. Manchmal nur, weil wir uns auseinandergelebt haben. Von meiner Jugendfreundin habe ich euch in meinem ersten Buch erzählt. Woher ich weiß, dass es echte Freundschaft war? Ganz einfach: Keine von uns hat jemals ein schlechtes Wort über die andere gesagt, obwohl wir uns seit vielen Jahren nicht gesehen haben.

Bei Fake Friends ist das anders. Sie sind mit dir befreundet, weil es ihnen nützt. Vielleicht, weil du stark bist. Oder weil du erfolgreich bist. Oder weil du Geld hast. Oder weil du gut aussiehst. Oder weil du immer lustig bist, weil du andere unterhältst. Oder weil du gut kochen kannst. Aber wenn sich eure Wege trennen, werden sie schlecht über dich reden. Daran merkst du den Unterschied. Ich hatte viele solcher Menschen in meinem Leben. Einiges hatten sie alle gemeinsam:

1. Fake Friends müssen nach dem Ende der Freundschaft unbedingt der ganzen Welt zeigen, dass es ihnen ohne dich plötzlich VIEL besser geht. Sie belügen sich selbst. Sie nehmen das, was du ihnen gegeben oder beigebracht hast – und geben es als ihr Eigenes aus.

2. Fake Friends werden deine tiefsten Geheimnisse, die du ihnen im Vertrauen erzählt hast, an andere weitererzählen. Das machen sie auch schon während eurer Freundschaft. Ihre Sätze fangen so an: *Sag es niemandem weiter, aber wusstest du, dass sie früher ...* Sie werden alles ausbreiten, sogar Sachen,

die du mit ins Grab nehmen möchtest. Dadurch sind sie schlimmer als dein schlimmster Feind. Weil sie keinen fairen Kampf austragen. Sie wissen, wo du verletzlich bist und was dir besonders wehtut. Und genau da greifen sie dich an.

3. Fake Friends werden hinterher behaupten, dass sie dich eigentlich nie gemocht haben: *Aber sie hat mir halt leidgetan.*

4. Und das ist die Kirsche auf dieser giftigen Sahnetorte: Fake Friends freunden sich mit deinen Feinden an. IMMER! Mit Menschen, über die sie früher am lautesten gelästert und am schlimmsten hergezogen haben. Zusammen ergibt das einen riesigen stinkenden Müllhaufen. Du riechst ihn schon von Weitem.

Schmeiß diesen Müll weg, entferne ihn aus deinem Leben. Guck nicht darauf und hoffe, dass sich daraus noch mal was Gutes entwickelt. Schließ mit solchen Menschen ab. Wenn du aufrecht dastehst, mit deinem Herzen und deiner Seele, haben sie nicht mal den Hauch einer Chance, dich fertigzumachen. Weil du ihnen keinen Spielraum lässt.

Ich musste das auch erst lernen. Ich musste erkennen, dass Fake Friends eigentlich schwache Menschen sind. Ich glaube, deshalb ziehe ich sie auch besonders an. Nicht, weil ich erfolgreich bin. Es hat eher mit meiner

Persönlichkeit zu tun. Mit meinem Lebensstil, meinem Charakter. Das hat immer wieder solche Menschen angelockt.

Aber ich bin auch selbst schuld. Denn ich habe sie in mein Leben gelassen. Ich hatte meine Lektion noch nicht gelernt, ich habe es einfach nicht geblickt. Doch wie willst du das Ende auch vorhersehen? Wie willst du in das Herz eines Menschen schauen? Fake Friends saugen an dir und wollen genauso sein wie du. Das ist das Problem. Denn niemand kann so sein wie ein anderer. Du kannst nicht wie ich sein, ich kann nicht wie du sein. Es ist doch toll, dass wir alle verschieden sind! Echte Freunde wissen das.

Weil wir von so viel Neid und Missgunst umgeben sind, sagt meine Mutter immer: *Halt deinen Mund! Erzähl nicht so viel.* Denn es wird immer irgendjemanden geben, der dir deinen Erfolg nicht gönnt. Und der deshalb aus deinen Wahrheiten Unwahrheiten macht. Der deine Geschichten falsch weitererzählt. Der Gerüchte streut oder deine geschäftlichen Deals hintenrum kaputt macht. Das ist mir alles schon passiert – und das ist kein schönes Gefühl!

Deshalb rate ich dir, am besten GAR NICHT über deine Pläne zu reden. Oder wenn, dann nur mit deinen allerbesten Freunden, denen du zu 100 Prozent vertraust. Wenn die Pläne dann in Erfüllung gehen, wird der Überraschungseffekt für den Rest der Welt noch größer sein. Dann wird es heißen: *Wow, sie ist eine Macherin! Keine, die nur redet, und dann passiert nichts.*

Deine Freunde werden sagen: *Ich hab's gewusst! Und es sei dir gegönnt! MashaAllah!*

Deine Feinde werden sagen: *Hat sie gar nicht verdient. Das wurde ihr alles geschenkt!*

Deine Fake Friends werden lächeln und dir gratulieren, aber ihr Lächeln ist falsch.

Aber sieh es mal so: Am Ende des Tages hast du es gemacht. Deine Pläne sind in Erfüllung gegangen – ohne Auge.

Wenn ich auf mein bisheriges Leben blicke, muss ich sagen: Ich habe nie viele Freunde gehabt. Aber die, die ich hatte, haben auch später niemals ein Geheimnis über mich weitergegeben. Sie haben mir nie Dinge missgönnt oder mir das Gefühl vermittelt, dass sie unsere gemeinsame Zeit bereuen. Und umgekehrt gilt dasselbe.

Vielleicht begegnest du im Leben drei, vier, fünf Menschen, mit denen es so ist. Mehr nicht. Aber diese Menschen sind stark. Sie tragen dich durchs Leben – und du sie. Glaubt mir: Ich habe lieber drei gute statt 300 schlechte Freunde.

Wenn du nämlich nicht anfängst, Nein zu Fake Friends zu sagen, Nein zu ihren Spielchen, Nein zu diesem Gefühl – dann wird es dich auffressen. Und du wirst selbst eine Fake Person. Das ist das Gefährliche! Irgendwann ist es dann normal für dich. Du suchst dir deine Freunde nur noch aus, weil sie dir nutzen. Davor will ich dich bewahren!

Die häufigste Frage, die mir von meiner Community gestellt wird, lautet: *Woran erkenne ich einen Fake Friend?* Wenn es so etwas wie ein Schild gäbe, das diesen Menschen auf die Stirn getackert wäre, dann wäre es einfach: *Hallo, ich bin in dein Leben getreten, um dich hammerhart zu verarschen!*

Gäb's diesen Hinweis, wäre vieles leichter. Aber dann könnte ich euch nicht meine Geschichten erzählen. Es gäbe keine *Lesson*, die ihr lernen könnt. Keine Erfahrungen, die ihr sammeln müsst, um erwachsener und stärker zu werden. Vielleicht braucht es sogar ein paar Fake Friends im Leben, damit du langfristig selbstbewusster und klüger wirst. Eines Tages kannst du unterscheiden: Dieser Mensch ist gut, dieser ist böse. Das war ein guter Freund, das waren Kackfreunde.

Also, woran erkennen wir die Fake Friends?

Es ist wie bei den Fuckboys. 1:1. Genau dasselbe!

Geh nicht nach der Optik. Ein Mensch, der große Augen hat, süß ausschaut und oft grinst, muss nicht unbedingt ein warmherziger Mensch sein. Ein Mensch, der jeden Satz mit den Worten anfängt: *Gott weiß …*, muss nicht zwangsläufig ein moralischer Mensch sein. Nur Gott kann in die Herzen der Menschen sehen. Wir nicht.

Du wirst einen Fake Friend trotzdem nicht von außen erkennen. Aber du spürst da was. Eine Unsicherheit. Bei Fake Friends hast du immer dieses komische Gefühl. Selbst wenn es nur der Hauch einer Unsicherheit ist – hör darauf.

Fake Friends
reden über dich,
weil sie nicht
mehr die
Erlaubnis haben,
mit dir zu reden.

BY MISSGAMMOUR

Dein Gefühl ist die Antwort auf alle deine Fragen.

Dieses Bauchgefühl war immer schon da. Es ist dir angeboren. Beobachte dich selbst: Hast du dich durch diesen Freund verändert? Zum Besseren? Oder zum Schlechteren? Wenn da irgendwas ist, das dich aufhorchen lässt ... irgendwas, das sich nicht richtig anfühlt – dann schau genauer hin! Vielleicht hast du es bisher überhört, weil du mit diesem Fake Friend gerade viel Spaß hast. Oder weil du denkst, du brauchst ihn. Dabei ahnst du doch schon, dass er oder sie es nicht ehrlich mit eurer Freundschaft meint.

Lerne, auf dein Bauchgefühl zu hören. Das ist reine Trainingssache. Das kannst du üben!

Bei Seyda hatte ich nie ein schlechtes Gefühl. Nicht eine Sekunde.

Freundschaft ist Loyalität, Freundschaft ist Vertrauen, Freundschaft heißt: in guten wie in schlechten Zeiten. Man muss sich nicht jeden Tag sehen, man kann sogar in verschiedenen Ländern leben und trotzdem mental verbunden sein.

Mit gierigen und neidischen Menschen habe ich schon mehrmals gebrochen – denn ich wollte mich bei ihnen nicht anstecken. Gerade in dem Business, in dem ich arbeite, sind viele süchtig nach Reichweiten, Fame, Macht. Aber ich will so nicht werden. Ich bin zufrieden, ich bin inspiriert, ich habe Energie in mir. Das ist ein riesiger Unterschied. Ich glaube an etwas. An Menschlichkeit. An Ehrlichkeit. An Moral.

Wäre ich gierig, hätte ich zum Beispiel schon oft

Werbedeals zugesagt, hinter denen ich nicht stehe. Mein Management bekommt viele Angebote und schlägt mir gelegentlich Sachen vor, die ich dann trotzdem bewusst ablehne. Manchmal, weil die Produkte einfach Schrott sind. Manchmal, weil die Firmen kleine Start-ups sind und mir viel zu viel Geld für ein paar Storys geboten haben. Ich will nicht schuld sein, wenn sie ihren Durchbruch nicht schaffen und Geldprobleme kriegen.

Gier denkt immer kurzfristig. Ich denke langfristig und an mögliche Kettenreaktionen. Das ist auch ein wichtiges Erfolgsgeheimnis!

Ich bin nicht aus Gier erfolgreich geworden. Ich hatte Krisen, ich hatte Kummer. Daraus habe ich meine kreative Kraft geschöpft. Die schlimmste Lebenserfahrung – auch mit Fake Friends – habe ich in etwas umgewandelt. In Geschichten, die andere lesen und nachfühlen können. In Songs, die ihr mitsingen könnt.

Kennt ihr Charlie Chaplin? Er hat die ganze Welt zum Lachen gebracht, dabei war er in seinen Filmen meistens eine traurige Gestalt. So fühl ich mich auch manchmal. Wie ein Clown mit einer Träne auf der Wange. Ich bin nicht traurig-traurig. Ich bin lustig-traurig. Meine Trauer inspiriert mich – komischerweise. An meinen schlimmsten Tagen hatte ich die schönsten Inspirationen, die besten Ideen, die größten Visionen. Ich bin keine Lehrerin. Ich erzähle bloß Geschichten. Ich spreche meine Gedanken und Gefühle aus. Ich rede von mir, und du fühlst dich gemeint.

Ja, Gier und Neid haben mir wehgetan.

Aber beim nächsten Mal weiß ich, wie sie aussehen.

Und ich rate meinen Schwestern da draußen: Wenn ihr ihnen begegnet, sagt nicht mal *Hallo*. Geht einfach weiter.

Menschen, die mal gute Freunde waren, denen kannst du auch nach langer Zeit noch mit einem Lächeln und einer Umarmung begegnen. Wenn ich zufällig Leute aus meiner Vergangenheit treffe, dann quatschen wir kurz – und es ist immer lustig!

Fake Friends sind anders. Noch Jahre später kommen sie aus ihren Löchern und versuchen dich fertigzumachen. Vor allem, wenn du in der Zwischenzeit Geld verdient hast. Plötzlich fällt ihnen ein, dass du ihnen angeblich noch was schuldest. Oder sie behaupten, dass sie der wahre Grund für deinen Erfolg sind! Sie sind sich für keine Lüge oder Verleumdung zu schade.

Ich habe aufgehört, darüber nachzudenken, was bei diesen Menschen eigentlich abgeht. Weil das pure Zeitverschwendung ist und mich nur Energie kostet. Stattdessen sage ich: *Adiós, Amigo. Du wirst dein Karma bekommen. Ich werd dabei zuschauen und mir Popcorn reinhauen.*

Aber im Unterschied zu den Fake Friends werde ich niemals hochmütig werden. Ich werde einfach dasitzen, es mir ansehen und es mit den Worten kommentieren: *Shit happens, that's life. I hope you learned your lesson.*

Nochmal für dich:

***Wenn du Projekte planst –
keep it in the closet.***

Rede nicht.

Mach lieber.

***Wenn es geklappt hat,
wird hinterher noch genug
über dich gesprochen.***

Lieber eine Fake Tasche als einen Fake Friend

BY MISSGAMMOUR

KAPITEL 8

ZU FAUL ZUM DENKEN?

Okay, können wir mal bitte über Faulheit reden? Noch so eine Todsünde. Auch die ist mir schon oft im Leben begegnet.

Ich meine jetzt nicht die gute Faulheit. Die dich davor rettet, ein Workaholic zu werden. Zu viel Arbeit ist nicht gesund! Du kannst krank werden von der ganzen Scheiße! Deshalb: alles in Maßen. Ich arbeite viel, und manche Projekte rauben mir wirklich meinen Schlaf. Aber wenn der Körper nicht mehr mitmacht, zieh ich die Notbremse. Auch wenn alle um mich herum sagen: *Senna, du musst! Du musst!* Nur meine Mutter sagt das nie. Sie sagt: *Senna, ruh dich aus!* Bekanntlich sollen Kinder auf ihre Eltern hören.

Es gibt aber auch eine schlechte Faulheit. Die dich träge und ekelig werden lässt.

Ich hatte mal eine Freundin, die war extrem reich und seit ihrer Kindheit daran gewöhnt, dass immer jemand ihr Dienstmädchen spielt. Egal, ob das ihre Mutter, ihr Vater, ihr Onkel oder ihre Freundinnen waren.

Ich schwör's euch, sie war so faul, dass sie es nicht geschafft hat, sich von der Couch vorzubeugen, um die Fernbedienung vom Couchtisch zu holen. Von außen betrachtet hatte dieses Mädchen alles. Genug Geld, genug Leute, die ihr jeden Tag bestätigt haben, wie toll sie ist. Eine Zeit lang hab ich ziemlich viel mit ihr abgehangen. Aber ich sag euch was: Es hat mir nicht gutgetan. Ich habe es daran gemerkt, dass ich zu faul wurde, die Treppen in meinem Hausflur hochzulaufen.

Ich dachte: *Warum trägt mich keiner die Stufen hoch?*

Anfangs habe ich dieses bequeme Leben gefeiert. Ich habe mir eingeredet: Wer so reich ist, darf so sein. Sie bezahlt ja Leute dafür, dass sie sie bedienen. Ihr Geld hat sie außerdem attraktiv gemacht. Es hieß immer: *Wow, was für eine Schönheit!* Jeder ist auf sie durchgedreht. Was ist dann passiert? Sie ist älter und älter geworden. Sie wusste immer noch nicht, wer sie ist. Sie hatte keine Ziele. Ich musste mich schleunigst von dieser Freundschaft trennen. Bevor ihre Einstellung noch auf mich abfärben konnte.

Faule Menschen trifft man auch im Netz, auf Social Media. Diese ganzen Hate-Kommentare – die stammen doch von Leuten, die nichts tun, außer an ihren Handys zu hängen. Sie nutzen ihre Zeit nicht, um arbeiten zu gehen und ihre Träume zu verwirklichen. Oder um Sport zu machen. Oder um zu duschen. Oder ihre Bude aufzuräumen. Jede Beschäftigung wäre besser, als im Netz Hass zu streuen.

Faulheit bringt dich dazu, dass du anderen das

Leben schwer machst – und dein eigenes Leben verpennst.

Aber noch schlimmer finde ich, dass Faulheit die Menschheit dumm macht.

Ich sag's euch ehrlich: Ich war früher auch oft zu faul, mich zu informieren. Irgendwann habe ich einen Typen kennengelernt, einen Deutschen. Wir haben uns über verschiedene Themen unterhalten. Plötzlich fing er an, über Marokko zu sprechen. Und ich habe gemerkt, Alter, der kennt sich besser aus als ich! Dann kamen wir auf den Islam. Meine Religion. Er wusste auch darüber sehr viel. Ich habe mich ein bisschen geschämt. Es war mir unangenehm, dass ich so wenig Ahnung hatte.

Ich habe mich seitdem geändert. Trotzdem gebe ich zu: Den Koran hab ich bis heute nicht komplett gelesen. Viele behaupten, sie hätten ihn komplett gelesen. Ich glaube das nicht. Ich habe immer wieder angefangen, kam bis zur Mitte und musste abbrechen. Es ist schwierig, den Koran zu lesen. Ich schlaf manchmal mittendrin ein. Aber das Gute am Koran oder auch an der Bibel: Du kannst hinten, vorne oder in der Mitte anfangen. Egal. Die Geschichten sind immer gut.

Dieser Typ damals hat mich echt beeindruckt. Ich habe ihn gefragt: *Woher weißt du das alles?* Er so: *Ich liebe Wissen!*

Wissen ist nicht nur Macht – Wissen gibt dir eine innere Sicherheit. Dein Gegenüber kann dich mit Schwachsinn vollquatschen, du bleibst trotzdem bei deiner Meinung. Weil du dich auskennst, weil du die Fakten mit eigenen Augen gelesen und studiert hast. Erst wenn jemand kommt, der noch mehr weiß, lässt du dich belehren.

Auf Social Media passiert das Gegenteil. Niemand hört richtig zu, niemand liest Texte zu Ende oder informiert sich richtig. So entstehen Missverständnisse. Halbwahrheiten. Lügen. Ich habe es mir abgewöhnt, das alles zu glauben. Ich habe keine Meinung über Menschen, die ich nicht kenne. Ob jemand ein Kackhaufen ist oder nicht – das weiß ich erst, wenn ich meine eigenen Erfahrungen mit diesem Menschen gemacht habe.

Einmal habe ich mir einen Weihnachtsbaum gekauft. Ich wollte schon immer einen haben. Es war so ein Plastikding – weil es für mich null Sinn macht, echte Bäume zu fällen, um sie eine Woche lang in die Wohnung zu stellen und dann wegzuschmeißen. Das hätte Gott bestimmt nicht so gewollt. Das ist sowieso nur ein Ritual, das Menschen erfunden haben, um Feste zu feiern. Wie ein Partyhut. *Anyway, anyhow:* Meinen Plastikbaum habe ich mit ganz viel Zeug dekoriert. Zum Schluss sah er aus wie ein Weihnachtsbaum auf Ecstasy. Wunderschön, so viele Farben!

Von meinen muslimischen Mitbürgern habe ich dafür krasse Beleidigungen bekommen. Ich habe nicht verstanden, was die von mir wollten.

Sie meinten dann zu mir: *Du als Muslimin feierst Weihnachten – das geht gar nicht!*

Ich so: *Häh, ich finde es einfach nur schön, diesen glitzernden Baum im Wohnzimmer stehen zu haben. Und ich werd den auch bis Januar behalten.*

Wo ist das Problem? Ich feiere kein Weihnachten. Ich beschenke nicht, und ich werde nicht beschenkt. Abgesehen davon glaube ich sowieso nicht, dass das der Sinn von diesem christlichen Feiertag ist. Da geht's doch eigentlich um was anderes, oder? Jesus wurde geboren, man geht in die Kirche und erinnert sich daran. Die Geschenke, der Stress und der ganze Scheiß drum herum, das wurde doch erst nachträglich eingeführt. Wie der Brauch bei Ramadan, dass man den Kindern Geschenke gibt. Das wurde auch dazuerfunden.

Es ärgert mich, dass die Leute so dumm sind. Der Weihnachtsbaum hat mit der Bibel nichts zu tun. Er ist nicht Teil der Religion. Im Gegenteil: Das sind die Reste von heidnischen Bräuchen! Wärt ihr nicht so faul, wüsstet ihr das. Man kann das in zwei Minuten googeln.

Deswegen sag ich euch: Faulheit und Trägheit sind für mich wirklich Todsünden. Weil du deine Intelligenz und dein Leben vergeudest! Und du merkst es nicht mal. Du sitzt auf deiner Couch, verurteilst andere und denkst, du bist im Recht. Okay, es gibt ungebildete Menschen, die können nichts dafür, weil ihnen einfach die Hilfsmittel fehlen. Aber die Mehrzahl der Dummen will es gar nicht besser wissen. Sie sind zu egoistisch, um über ihren eigenen Tellerrand zu schauen.

Es gibt eine Geschichte, die ist mir vor über zwanzig

Jahren passiert. Ich war in den Sommerferien in Marokko. Damals hatte ich auch noch viele vorgefertigte Meinungen. Im Sommer haben sich am Strand die coolen Jugendlichen aus aller Welt getroffen. Es gab die jüdischen Marokkaner, die muslimischen, die aus den USA und die aus Kanada. Dann natürlich die aus Frankreich, aus England – und dazwischen wir, die Deutschen. Ich bin immer ein weltoffener Mensch gewesen. Ich chille mit Menschen, die Christen, Juden oder Atheisten sind. Alles querbeet. Ich chille nur nicht mit Menschen, die Gott beleidigen.

Jeden Abend haben wir damals eine Strandparty gefeiert. Nachmittags sind wir immer zu einer Strandbar gegangen, da habe ich mir ein Sandwich mit Ei und Tomaten bestellt. Wir haben die Prostituierten beobachtet, die auf der Promenade hin und her liefen. Die waren übelst krass geschminkt. Schlimmster Style. Ich habe so gelacht über die: *Wie billig die aussehen! Wenn du schon fürs Blasen Geld kriegst, dann leiste dir doch wenigstens mal was.*

Irgendwann kam eine dieser Frauen ins Café. Sie hat ein Sandwich bestellt, aber ohne Ei, also viel billiger als meins. Sie hat es nicht gegessen, sie hat es VERSCHLUNGEN. Ich konnte sehen, dass sie Hunger hatte. Dazu hat sie nur Wasser getrunken. Anschließend kam sie rüber zu mir.

Ich dachte nur: *Oh Gott, jetzt kommt die auch noch!*

Sie hat mich auf Arabisch angesprochen: *Entschuldigung, Schwester, hast du Feuer für mich?*

Ich meinte: *Ja, klar.*

Weil es so windig war, hat sie sich kurz hingesetzt, um sich die Kippe anzumachen.

Und ich habe mich getraut, sie zu fragen: *Ey, ganz ehrlich, warum tust du dir das an?*

Sie meinte: *Was denn?*

Ich habe gesagt: *Ich weiß, was du machst.*

Sie hat ganz tief eingeatmet. Man konnte sehen, wie groß die Last war, die auf ihrem Herzen lag. Wie viel Luft sie gebraucht hat, um überhaupt den ersten Satz rauszubringen. Als sie anfing zu sprechen, waren ihre Augen schon rot, sie wollte weinen, hat es aber zurückgehalten.

Sie meinte: *Ach, Schwester, denkst du nicht, ich wäre gern in deiner Lage?*

Warum?, hab ich gefragt. *Wegen meinem deutschen Pass?*

Nein, hat sie geantwortet. *Ich würde gerne mal wieder ruhig schlafen.*

Dann hat sie mir ihre Geschichte erzählt: Sie hat einen Typen kennengelernt, ist schwanger geworden, der Typ hat sie nicht geheiratet. Früher hat sie in einer Apotheke gearbeitet, wurde aber rausgeschmissen, als sie unehelich schwanger wurde. Ihre Eltern sind alt und arm, sie ist die Ernährerin. Aber keiner in ihrem Dorf wollte sie mehr einstellen. Deshalb geht sie jetzt anschaffen.

Denkst du, mir macht das Spaß?, hat sie gesagt.

Ab diesem Tag hab ich sie immer an unseren Tisch geholt und ihr was zu essen mitbestellt. *Komm, setz dich zu uns.*

In diesem Sommer habe ich mehrere Lektionen gelernt.

Die erste war: Sei nicht so dumm und urteile über andere, wenn du gar nichts über diese Menschen weißt.

Die zweite Lektion war: Sei dankbar für die Schuhe, in denen du steckst. Es gibt Leute, die haben gar keine Schuhe. Sie würden viel dafür geben, wenn sie mit dir tauschen könnten.

Meine dritte Lektion – und das war vielleicht die wichtigste: Teil dein Glück. In der Straße, in der ich in Berlin wohne, sind viele Obdachlose. Die kennen mich alle mit Namen. Ich gebe ihnen immer etwas, wenn ich sie treffe. Oder ich bringe ihnen einen warmen Kaffee mit. Wir reden, wir lächeln uns an. Jeden Tag, wenn ich vorbeilaufe. Was kostet mich das? Nichts!

Auch vor zwanzig Jahren hat es mich nichts gekostet, dieses Mädchen einzuladen. Ich hatte zwar nicht viel Geld, aber ich hatte ein Zuhause. Wenn ich mit knurrendem Magen nach Hause kam, hat meine Mama für mich gekocht. Ich werde nie obdachlos sein, weil ich eine Familie habe. Und weil ich jederzeit zu meinen Freunden gehen kann.

Deshalb: Gib etwas ab von dem, was du hast. Das ist so wichtig!

Wenn du vom Glück Glück abgibst, wird dein Glück größer. Ich mache das, seit ich denken kann. Und ich will niemals, niemals undankbar sein. Es gibt viele undankbare Menschen in meinem Business. Aber wisst ihr, was ihre Strafe ist? Sie sehen ihr Glück gar nicht.

Das Mädchen in Marokko, das jeden Tag seinen Körper verkaufen musste – sie hat das Glück erkannt, als wir zusammen an diesem Tisch saßen. Sie war glücklich, konnte mit uns lachen, wenn auch vielleicht nur für einen Moment. Wir hatten einige glückliche Stunden miteinander.

Leider habe ich sie nach diesem Sommer nie wiedergesehen. Ich weiß nicht, was aus ihr geworden ist. Ob sie noch lebt, ob sie immer noch auf der Promenade steht. Oder ob sie es geschafft hat, da rauszukommen. Aber ich werde sie nie vergessen.

Wenn du vom
Glück Glück
abgibst,
wird dein
Glück größer.

BY MISSGAMMOUR

KAPITEL 9

STEH ZU DIR

40 ist wirklich eine Hausnummer. Und an alle, die immer sagen: *Du bist doch nur so alt, wie du dich fühlst* – halt's Maul!!! Solche Sprüche hörst du nur von Jüngeren. Noch schlimmer sind die, die sagen: *Du kannst ja auch mit über 40 noch Kinder bekommen.* Die raffen es nicht, dass du auch von innen alterst.

Oder die 23-Jährigen, die sagen: *Du siehst wirklich noch jung aus – für dein Alter.* Immer dieses: *für dein Alter.* Schatzi, das ist kein gutes Kompliment. Du hast es mit deinem Nachsatz total kaputt gemacht. Sag doch lieber: *Was, 40? Ich wünsche mir, 40 zu werden. Und du siehst top aus! Krasse Frau!* So klingt ein Kompliment.

Wenn du alt wirst, hast du Nierenschmerzen. Du schläfst schlechter. Die grauen Haare wachsen. Du kriegst Hitzewallungen. Diese Sehschwäche, was soll das? Und warum kriegen wir immer noch Pickel? Was ist das für 'ne Scheiße?

Das einzig Gute, wenn du älter wirst: Du hast jetzt diese Gelassenheit. Und die ist echt unbezahlbar. Gelassen war ich nicht mit 25, nicht mit 30, nicht mit 35. Mit 40 bin ich's.

Und was noch geil ist: Du weißt jetzt, was du kannst. Und was dich erfolgreich machen kann.

Dafür brauchst du ein Fundament oder wenigstens einen Plan. Wenn du mit 40 noch keinen Plan von deinem Leben hast, dann wird's mal langsam Zeit. Wenn du einen Plan hast, ist alles gut. Denn den musst du ja nur noch umsetzen. Dafür ist noch genug Zeit. Und das Umsetzen ist nicht so schwer, wie überhaupt einen Plan zu fassen. Versteht ihr, was ich meine?

Es geht um diesen roten Faden in deinem Leben, die Geschichte, wie du sie dir erzählen willst: *Ich möchte das erreichen und dann dies machen. Und dann soll es in diese Richtung weitergehen und sich dann dahin entwickeln.* Wenn du das als Frau mit 40 nicht hast, hast du ein richtig hartes Problem. Dein Mann, dein Partner hat längst einen Plan – du aber nicht? Kein geiles Leben. Denn dann bleibst du eine Suchende. Suchende schlafen nicht ruhig, Suchende sind nicht gelassen.

Mit 40 solltest du bei dir selbst angekommen sein. Das heißt nicht, dass du weißt, was in der Zukunft passieren wird. Niemand weiß das. Aber du weißt jetzt, wer du bist. Oder zumindest hast du dich schon ziemlich gut kennengelernt. Und du kannst voller Stolz und mit Achtung in den Spiegel gucken und sagen: *Ich mag mich. Sehr sogar.*

Je älter ich geworden bin, desto freier bin ich geworden. Ich meine damit: frei im Kopf.

Natürlich muss ich Steuern bezahlen und mich an Gesetze halten. Ich bin auch nur eine Besucherin auf diesem Planeten. Aber in meinem Haus – und das sind mein Körper, meine Gedanken, meine Seele – bin ich frei. Frei zu entscheiden, wen ich liebe. Frei zu entscheiden, was ich tue.

Der materielle Erfolg oder der berufliche Erfolg – das ist auch wichtig im Leben. Aber noch viel wichtiger ist, dass du diese innere Zufriedenheit erreichst. Dass es dir und deiner Familie gut geht, dass dir dein Job Spaß macht, dass du dein eigenes Geld verdienst, dass du dich abgesichert fühlst. Und dass dein Geist im Gleichgewicht ist! Was nützt dir der größte äußere Erfolg, wenn du die ganze Zeit unglücklich bist?

Wenn ich sage: Mein Erfolg ist in den letzten Jahren gewachsen, dann meine ich damit nicht, dass mein Kontostand höher geworden ist. Sondern dass ich noch freier und stärker geworden bin. Und dass ich mich als Mensch weiterentwickelt habe.

Wenn du Geld machst, aber dein Herz gebrochen ist, kannst du dein Leben nicht genießen. Du wirst süchtig sein nach Alkohol oder anderen Ablenkungen.

Wenn du weißt, wer du bist und wo du hinwillst, wenn du Gutes von Bösem unterscheiden kannst – und auch erkannt hast, dass du selbst Böses in dir trägst, aber es unter Kontrolle hast –, dann können Geld und Erfolg niemals deinen Charakter verderben. Als mein Privatleben nicht im Gleichgewicht war, war ich unglücklich – egal, wie groß mein Bühnenerfolg gerade war. Ich habe anderen Menschen die Schuld gegeben, Männern, denen ich vorgeworfen habe, dass sie mich nicht genug lieben.

Dabei habe ich mich selbst nicht genug geliebt!

Ich spreche jetzt ein Thema an, das ich im ersten Buch schon erwähnt habe, aber nicht im Detail. Diese Operation, die ich als junge Frau hatte. Es geht nicht darum, was genau mir entnommen oder rausgeschnippelt wurde. Aber ich habe vom Oberarzt einen Satz zu hören bekommen, der für mich schwer war: *Es wird sehr schwierig für Sie sein, Kinder zu bekommen.*

Wenn ich damals Männer kennengelernt habe, habe ich die OP einfach verdrängt. Ich habe gedacht, keiner darf das wissen, und es wird schon irgendwie verschwinden.

Ich hatte Angst, dass es mir privat oder in der Öffentlichkeit schaden könnte. Weil man mich nicht mehr als hundertprozentig vollwertigen Menschen ansehen könnte. Als Frau bist du da sowieso empfindlich. Ich habe mit diesem Geheimnis jahrelang gelebt. In der Familie war es ein Tabuthema, wir haben darüber nie geredet. Vor mir selbst habe ich Ausreden erfunden, aber insgeheim hat es mich immer begleitet.

Erst jetzt, als erwachsene Frau und mit mehr Selbstliebe, bin ich absolut d'accord damit. Es gibt Sachen, die liegen nicht in meiner Hand. Ich glaube an Gott, und bin sicher: Er weiß schon, was er tut. Auch wenn es für mich vielleicht erst mal keinen Sinn ergibt. Ich glaube, ich wäre eine gute Mutter. Ich würde auch gerne ein Kind adoptieren. Aber das ist mir nicht erlaubt, weil ich zu alt und nicht verheiratet bin. Dieses Gesetz macht für mich absolut keinen Sinn, weil es weltweit so viele Kinder gibt, die gerne eine Familie hätten.

Nach der Operation kam ich auf die Bühne zurück. Hatte dann meine erste richtig feste Beziehung. Ich war hart verliebt.

Aber ich habe ihn angelogen und mich selbst auch.

Irgendwann fingen die Leute an zu tuscheln. Für die Medien stand eh fest: *Sie kann keine Kinder bekommen.* Am Ende des Tages hat mich das Thema meine Beziehung gekostet – jedenfalls habe ich mir das eingeredet.

Aber so war es nicht.

Was mich WIRKLICH meine Beziehung gekostet hat, war nur die Tatsache, dass ich nicht zu mir gestanden habe. Und dass wir sowieso nicht füreinander bestimmt waren.

Denn jemand, der dich liebt, liebt dich auch mit nur einer Brust oder ohne Arme. Wenn du liebst, liebst du! Er hat mich nicht genug geliebt. Ich habe ihm nicht gereicht. Er hat mich vielleicht körperlich mit anderen Frauen betrogen. Aber ich habe mich selbst betrogen.

Laut war ich immer. Ob ich Selbstwürde hatte? Bestimmt, aber ich habe sie nicht immer eingeschaltet. Ich habe sie früher sogar oft ausgeschaltet.

Sonst hätte ich viel eher sagen müssen: Diese OP-Geschichte ist mir widerfahren, so ist es, ich muss mich nicht erklären. Ich bin ein Mensch mit allem Drum und Dran. Vielleicht habe ich nicht die Gummititten wie die, deren Bilder du gerade likst. Vielleicht bin ich nicht so reich wie die Puppe, mit der du dich neulich getroffen hast. Vielleicht reichen meine Haare nicht bis zum Arsch.

Aber ich habe ein großes Herz. Und das macht mich aus.

Erst als ich wieder Single war, habe ich erkannt, wo der grundsätzliche Wurm in meinem Leben war. Was mich wirklich aufhält. Daran habe ich gearbeitet. Das hört sich jetzt einfach an, aber dafür braucht man sehr viel Mut. Du kannst nur glücklich werden, wenn du dich selbst annimmst und auch die schwärzesten Geschichten auspackst und dich damit auseinandersetzt.

Die Ironie der Geschichte ist doch: Selbst wenn ich die OP damals nicht gehabt hätte, selbst wenn mir das alles nicht passiert wäre – hätte ich trotzdem bis heute keine Kinder!

Denn ich habe ja nie den richtigen Partner gefunden. Und das bringt mich schon wieder zum Lachen. Ich kann *loud and proud* sagen: Meine Gebärmutter ist Bombe, und meine Eizellen sind Gold wert! Es lag nicht an ihnen. Es lag an meiner Männerwahl.

Aber auch die Männer waren alle gut – bis zu einem gewissen Punkt. Dann wurden sie allerdings lästig wie ein Pickel. Trotzdem haben sie dazu beigetragen, dass ich heute der Mensch bin, der ich bin. Denn jede Begegnung im Leben bringt uns weiter. Hätte ich damals das Wissen gehabt, das ich heute habe, hätte ich allerdings schon viel früher Nein zu diesen Beziehungen gesagt. Heute lerne ich Männer kennen und weiß im ersten Augenblick: Das ist was, oder das ist nichts. Ich muss mich kein zweites, drittes oder viertes Mal mit ihnen treffen. Ich weiß ja, was ich will. Und ich sehe, was sie wollen. Aber sorry, diese Frau bin ich nicht. Und will ich auch gar nicht sein.

Zu sich selbst zu stehen: Das ist der Schlüssel zu jedem Erfolg!

Ich sage das nicht nur so dahin. Du musst es wirklich FÜHLEN! 100 Prozent!

Du musst dich mit deinen Leichen im Keller auseinandersetzen. Und ich weiß, dass du auch Leichen im Keller hast. Mach das Kellerlicht an, schau sie dir an, und dann begrab sie endlich würdevoll. Du musst nicht erst 40 Jahre alt werden und einen so harten Weg gehen wie ich. Du kannst heute damit anfangen.

Ich weiß, Leichen im Keller – das klingt so negativ. Als ob du etwas zu verstecken hast, was total ungesetzlich oder unmoralisch ist. Ich sehe das eher so: Leichen im Keller sind unangenehme Geschichten aus deiner Vergangenheit, die andere Menschen eigentlich nichts angehen. Sie sind so unangenehm, dass du dich nicht mit ihnen beschäftigen willst. Nie mehr. Und: Eine Leiche spricht ja zum Glück nicht. Die gibt dir keine Widerworte.

Trotzdem liegt sie da.

Das heißt, sie kann jederzeit gefunden werden. Wieder ans Tageslicht kommen. Die Leiche bewegt sich zwar nicht von selbst. (Es heißt ja nicht: der Zombie im Keller!) Aber jemand könnte sie hervorzerren. Davor hast du Angst. Das bedrückt dich und behindert dich. Versteht ihr, was ich meine? Die Leichen liegen im Keller – nicht im Grab –, weil wir uns noch nicht mit ihnen auseinandergesetzt haben.

Aber um erfolgreich zu werden, musst du dich mit dir selbst auseinandersetzen!

Damit meine ich nicht, dass du in den Spiegel schaust und sagst: Okay, ich mag mein Gesicht nicht.

Nein. Geh tiefer.

Ich rede hier von Kriegen, die du seit Jahren mit dir selbst führst.

Warum hast du ein Problem mit dir?

Warum hat jemand anders ein Problem mit dir?

Geh tiefer!

Warum schämst du dich deiner?

Was ist passiert?

Geh noch tiefer!

Ich kann nicht herausfinden, welche Ursachen es bei dir sind. Es ist DEINE Leiche. Aber ich kann dir eins sagen: Ich kenne meine Leichen. Und ich habe sie alle begraben. Denn ich will zu den Lebenden gehören! Meine Leichen machen mir keine Angst mehr.

Früher habe ich ständig diese riesige Wut in mir gespürt. Ich bin ein sehr rachsüchtiger Mensch, das musste ich auch erst mal kontrollieren lernen. Rache war mein Antrieb. Wie Benzin. Aber wenn ich es übertreibe, wird daraus Feuer, Explosion, Krieg. *In dein Gesicht, du Bastard!*

Menschen, die verletzt sind, wollen nur eins – das zerstören, was ihnen wehgetan hat. Ich habe sogar ein Foto von seinem Gesicht auf eine Dartscheibe geklebt. Ich habe Pfeile auf ihn geworfen, aber nie getroffen. Bis zu diesem einen Tag, da ist der Pfeil mitten in seinem Gesicht gelandet. Meine Show *Liebeskummer ist ein Arschloch* war da schon längst ausverkauft.

Wenn ich auf mich selbst zurückblicke, wie ich monatelang in meinem Wohnzimmer gehockt habe … wie ich gewartet und gewartet habe … und um dieses Arschloch geweint habe. Ich habe mir immer wieder die Frage gestellt: *Warum, warum, warum? Warum kann ich nicht mit ihm zusammen sein? Ich wünsche mir nur eins, lieber Gott, ich will ihn zurück. Bitte …*

Und was hat sich jetzt daraus entwickelt! Wie groß das alles geworden ist! Nach den sieben Phasen des Liebeskummers kommt die Selbsterkenntnis. Und mit ihr die Freiheit im Kopf.

Auf einmal habe ich gemerkt: Es geht gar nicht darum, dass er sich wieder meldet, damit ich ihn endgültig abservieren kann.

Es geht überhaupt nicht mehr um ihn.

Es geht um mich!

Und es macht mir verdammt viel Spaß, erfolgreich zu sein!

Wenn ihr denkt: *Ich muss mir noch eine Tür offen halten, vielleicht kommt er ja doch noch mal zurück, deshalb darf ich jetzt beruflich nicht so krass Gas geben, dass ihn das abschreckt –* dann habt ihr es noch nicht verstanden.

Es ist vorbei.

Es gibt keinen Weg zurück.

Der einzige Weg, den es gibt, ist DEIN Weg. Und der führt nach vorne. In deine Zukunft.

Nochmal für dich:

Du musst mit der
Vergangenheit abschließen.

Das geht nur, wenn du dich
mit ihr auseinandersetzt.

Auch mit den unangenehmsten,
schlimmsten Geschichten.

Versteck sie nicht in Schubladen,
leg sie nicht im Keller ab.

Begrab deine Leichen. Ehrenvoll.
Mit Grabstein.

Und dann schau endlich nach vorn.

KAPITEL 10

IMMER WENN DU LACHST, LACH ICH MIT DIR

Freundschaft ist: Wenn ich über uns nachdenke oder an deinen Namen denke – und ein Lächeln im Gesicht habe. Kein komisches Gefühl. Auf Freundschaft ist Verlass. Von heute auf morgen könnte ich alles verlieren. Wer hat dann eine freie Couch für mich? Wer würde mir immer ein Dach über dem Kopf geben? Das hat nichts mit gegenseitigem Nutzen zu tun. Das ist Geborgenheit.

Bei Clumsy und mir ist das so. Das weiß ich. Wir kennen unsere größten Geheimnisse. Aber wir würden uns eher die Zungen abhacken, als etwas über die andere weiterzuerzählen. Und es gibt zwischen uns keinen Neid. Clumsy kommt aus sehr guten Verhältnissen, aber materialistische Dinge bedeuten ihr nichts.

Wenn ich mir eine Tasche kaufe, muss ich ein Foto machen und es der ganzen Welt zeigen. Weil ich mich freue und stolz bin. Clumsy ist nicht so – auch weil sie anders aufgewachsen ist. Ich bin nicht wohlhabend zur

Welt gekommen, ich musste mir meine finanzielle Unabhängigkeit lange und hart erkämpfen. Ich weiß, wie ich mit 500 Euro zurechtkomme. Ich weiß aber auch, wie ich mit 5 Euro zurechtkomme.

Ich bin froh, ich zu sein. Sie ist froh, sie zu sein. Und wir freuen uns füreinander.

Sie ist jetzt in einem anderen Lebensabschnitt als ich. Sie hat Familie, zwei Kinder. Celia, ihre Tochter, liebe ich abgöttisch. Glaubt mir, ich sage das nicht einfach so. Ich würde alles geben für die Kleine. Wenn ich mit ihr auf einer Brücke stehen und jemand sagen würde, du musst dich entscheiden, du oder sie! Ich würde sofort springen.

Die Liebe und die Freundschaft, die Clumsy und ich haben, ist mit großem Respekt verbunden. Sie vertraut mir ihr höchstes Gut an: ihr Kind. Das ist so krass. Natürlich haben wir auch mal Unstimmigkeiten und sind anderer Meinung, wie man mit Sachen umgehen sollte. Das Gute ist, dass wir so grundverschieden sind. Ich kann mir Sachen von ihr aneignen, die meinem Charakter guttun – und sie sich Eigenschaften von mir.

Eine Mischung aus uns beiden wäre der perfekte Mensch, ich schwöre es euch.

Clumsy ist ruhig. Ich bin laut. Clumsy ist ausgeglichen. Ich bin temperamentvoll.

Clumsy sagt: *Na ja, dann ist es halt passiert.*

Ich sag: *Nee, so nicht! Ich will Rache dafür!*

Clumsy ist aber auch diejenige, die sagt: *Lass uns das mal ausprobieren.*

Während ich zögere: *Ich weiß nicht, ob wir das finanziell stemmen können.*

Sie ermutigt mich: *Komm, wir machen's einfach!*

So ist ja auch meine erste Show entstanden. Da gab es noch keinen Cem, keine Celia, keinen Zayn. Es gab nur Clumsy, Jasmin Erbas, die die wunderschönen Kleider macht, Sofia und mich. Wir saßen auf der Couch in Clumsys Wohnzimmer, und ich habe mal wieder von meinem Liebeskummer erzählt. Und wenn ich erzähle, dann auf eine lustige Art und Weise. Auch wenn es eigentlich traurige Geschichten sind. Wir haben den ganzen Abend lang geredet und uns totgelacht.

Irgendwann sagte Clumsy zu mir: *Du musst auf die Bühne!*

Ich so: *Bist du bescheuert? Mit was? Mit Comedy?*

Sie: *Ja! Du bist so lustig!*

Ich: *Hör doch auf! Ich bin Sängerin!*

Sie: *Das, was du gerade erzählst, musst du aufschreiben und daraus eine Show machen! Das würde so vielen Frauen helfen!*

Ich wollte es innerlich auch, aber ich hatte es bisher nicht ausgesprochen. In der Woche danach habe ich mich zu Hause hingehockt. Ich habe damals schon YouTube-Videos gedreht. Aber eine zweistündige Show schreiben? Der Anfang fiel mir sehr schwer. Ich habe mich gefragt, wie das gehen soll. Ich habe mich sogar vor meinen Spiegel gestellt und gesagt: *Du kriegst das hin!* Mir ist trotzdem nichts eingefallen. Eine Woche verging, und noch eine. Da sagte Clumsy auf einmal zu mir: *Wir sollten den Quatsch Comedy Club* mieten.

Ich: *Wie? Wir können den doch nicht einfach mieten! Von welchem Geld?*

Ich konnte gerade mal noch meine Miete zahlen. Das Geld von Monrose war fast aufgebraucht. Ich hatte von den Monrose-Einnahmen sechs oder sieben Jahre lang sehr gut gelebt, wie eine Königin. Aber dann war es halt auch weg.

Clumsy hat darauf beharrt: *Doch, wir müssen den Club mieten. Weil beim Quatsch Comedy Club alle sofort denken werden: Wow, jetzt ist sie Comedian.*

Sie hatte sich das im Kopf schon alles zurechtgelegt.

Ich war unsicher: *Meinst du wirklich?*

Sie: *Ja! Think big!*

Think big! Sie hatte recht. Wir sind zu Thomas Hermanns gegangen, dem Chef vom Quatsch Comedy Club. Er war echt cool und hat uns einen guten Preis gemacht, aber teuer war es für mich damals trotzdem. Hermanns hat mich gefragt, was ich vorhabe. Ich habe gemeint: *Ich will Comedy machen.* Er wollte wissen, ob ich nicht erst mal einen Gastauftritt in einer anderen Show machen will. *Nee,* habe ich geantwortet, *ich will das komplett alleine versuchen.*

Clumsy hatte damals noch einen Onlinestore, über den wollten wir die Karten verkaufen. Wir haben dann ein Fotoshooting gemacht, mit dem kleinen Hund von Clumsys Bruder. Ich habe mir Lockenwickler reingedreht, und mit dem Motiv haben wir Eintrittskarten gedruckt. Für Clumsys Store haben wir außerdem einen größeren Server gekauft, damit der nicht abstürzt, wenn alle gleichzeitig Tickets buchen wollen. Wir haben an alles gedacht.

Dann habe ich angefangen, die Show auf meinen Kanälen zu promoten.

In zwei Minuten waren die Tickets *sold out*.

Es war der Wahnsinn!

Denn, OH MEIN GOTT, ich hatte ja noch gar keine Show geschrieben! Und nur noch zwei Monate Zeit. Irgendwann saß ich im Flugzeug, da ist mir der Name eingefallen: *Liebeskummer ist ein Arschloch!* Plötzlich kamen die Ideen: Ich will es so und so machen. Erst kommt diese Musik, dann dieser Song. Und ich will anders sein als andere Comedians! Meine Freundinnen müssen mit rein in die Show! In zwei Tagen hatte ich alles aufgeschrieben. Zuletzt habe ich über meine Kleidung nachgedacht. Wie will ich aussehen? Ich bin zu Jasmin gegangen und hab gesagt, ich brauche einen Anzug, und der muss GLITZERN!

Alles hat auf einmal funktioniert, alles hat Sinn ergeben!

An dem Abend in Berlin war die Bude rappelvoll. Die Schlange reichte vom Eingang des Quatsch Comedy Clubs bis zur Friedrichstraße. Ich war schon hinten im Backstage – und habe auf einmal Angst bekommen. Was ist, wenn die Leute es nicht lustig finden? Was ist, wenn meine Freundinnen mich angelogen haben? Vielleicht lachen sie nur über mich, weil sie meine Freundinnen sind?

Ich habe an mir gezweifelt.

Da kam Clumsy und hat gesagt: *Die werden dich lieben!*

Ich: *Glaubst du wirklich?*

Sie: *Ja! Und jetzt gehst du da raus und machst das, was du bei mir im Wohnzimmer gemacht hast – nur größer.*

Ich bin auf die Bühne gegangen und habe mir vorgestellt, dass alle, die da unten sitzen, meine Freundinnen sind. 250 Freundinnen. Alles, was ich mir vorher vorgenommen hatte, habe ich an diesem Abend umgesetzt. Ich hatte 15 Seiten Text auswendig gelernt, weil ich nicht ablesen wollte. Es sollte perfekt sein. Am Ende habe ich Standing Ovations bekommen.

Das war ein unfassbar toller Moment. Wie der Tag, an dem ich in die Band gekommen bin. Ab da wusste ich, es wird alles gut.

Ich bin wieder da. I'm back.

Was ich daraus gelernt habe? Wenn du Erfolg haben willst, brauchst du jemanden an deiner Seite, der dir Mut zuspricht. Ganz alleine schaffst du das nicht. Du bist zwar diejenige, die springt, aber du brauchst diesen kleinen, liebevollen Schubser. Jemanden, der sagt: *Vertrau mir, du prallst nicht auf, du wirst fliegen! Und wenn du fliegst, wirst du zu mir zurückfliegen und mich auch noch mitnehmen.*

Ich hatte früher schon mal Flügel. Aber sie waren mir abhandengekommen. Durch Schicksalsschläge. Durch Enttäuschungen. Durch Menschen, die mir sehr wehgetan haben. Ich konnte meine Flügel nicht mehr spüren.

Aber auf einmal, an diesem Abend im Quatsch Comedy Club, als all diese Frauen mit mir zusammen gelacht und gesungen haben, waren sie – wie aus dem Nichts – plötzlich wieder da. Größer als je zuvor! Ich habe angefangen, diese Flügel zu bewegen, erst langsam, dann mit immer mehr Kraft. Ich habe den Sog gespürt, der mich nach oben zieht.

Kennst du dieses Gefühl, wenn du aus eigener Kraft über dem Boden schwebst? Es ist unglaublich! Du willst NIE wieder landen.

Seitdem benutze ich diese Flügel und fliege, wohin ich will. Ab und zu setze ich mich auf eine Bergspitze und guck mir alles da unten an. Dann fliege ich weiter, zu einem noch höheren Berg. Um noch näher an der Sonne zu sein, näher am Mond, näher an Gott. Für mich ist das die Erfüllung.

Ich bin noch nicht am Ziel, ich habe immer noch einen Weg vor mir – und dafür brauche ich diese Flügel. Zum Glück wachsen sie weiter, werden stärker und stärker.

Vielleicht darf ich meine Flügel diesmal sogar für immer behalten.

Ich sag euch ganz ehrlich: Ich möchte gerne alt werden. Ich möchte meinen Kindern, Enkeln, Nichten, Neffen von meiner Reise erzählen. Ich will diese kleine, graue Oma sein, die in einem Schaukelstuhl hockt, Tupac hört, hin und her wippt und auf deren Schoß die Kleinen sitzen.

Ich werd ihnen sagen: *Oma war früher mal 'ne richtig geile Sau.* Zum Beweis zeige ich ihnen Fotos. *Das war ich.* Clumsy wird neben mir sitzen, in ihrem eigenen Schaukelstuhl, und wird sagen: *Ich schwör euch, sie übertreibt nicht! Ich war dabei, ich hab alles miterlebt.* Unsere Enkel werden die Bilder angucken und sagen: *Boah, Oma, du sahst so krass aus!*

Ohne Reue alt zu werden, das ist auch Erfolg. Am Ende des Lebens zufrieden zu sein. Geliebt zu werden. Ich will die Federn meiner Flügel durch meine Geschichten an die nächsten Generationen weitergeben – damit sie auch fliegen lernen.

Nochmal für dich:

Hast du einen gebrochenen Flügel?

Dann leiht dir deine
beste Freundin ihren.

Dank ihrer Hilfe wirst du
wieder fliegen lernen.

Zum Erfolg brauchst du
keine 20 Freunde.

Du brauchst Mut – und einen
einzigen wahren Freund.

KAPITEL 11

LOYALITÄT

Wir Frauen aus den 90ern haben echt viel erlebt. Die Wende, den Golfkrieg, die Abschaffung der D-Mark, den Übergang von Telefonzellen zu Handys. Wir haben auch noch Pädophile gesehen, die im Park ihre Mäntel aufgemacht haben. Und als ich ein Kind war, wurden bei unseren Familienhochzeiten in Marokko die blutigen Laken aus dem Fenster gehängt. Jeder wusste: Das Brautpaar hat gepoppt heute Nacht!

Ihr denkt, das war keine schöne Zeit? Doch, das war es! Denn es gab Freundschaft, Hoffnungen und Träume!

Aus dieser Zeit komme ich.

Wenn du es damals als *Kanake* zu etwas bringen wolltest, hieß es: *Mach deine Ausbildung! Was, du willst studieren? Unsinn! Du musst Geld verdienen!*

Wir haben natürlich auch viel Mist gebaut. Sind mit unseren Freunden in den Keller gegangen, um heimlich zu rauchen. Hauptsache: Marlboro Lights! Jedes Mädchen hat das mit ihren Freundinnen gemacht. Wir hatten italienische, jugoslawische, türkische und marokkanische Freundinnen. Und deutsche! Die waren wichtig für unsere Mütter. Weil die den Ruf hatten, ordentlich und ehrgeizig zu sein und immer ihre Hausaufgaben zu machen. Aber Kerstin und Kathrin waren cool! Sie hatten keine Vorurteile. Und: Sie haben immer die Kippen mit in den Keller gebracht.

Wir haben das nie verstanden, wenn sich die deutschen Kinder über ihren Hausarrest beschwert haben. Hausarrest, was soll das sein? Wir haben von Geburt an Hausarrest. Bis wir mal jemanden finden, der uns heiraten will. Manchmal haben die deutschen Kinder sich über ihre Eltern aufgeregt: *Ich wurde in mein Zimmer geschickt!* Wir haben uns nur fragend angeguckt: *Was, sie hat ein eigenes Zimmer? Sie muss richtig reich sein!* Wir haben im Wohnzimmer auf Matratzen geschlafen.

Wenn du damals einem Jungen ein Küsschen auf die Wange gegeben hast – dann war das was absolut Ernstes. Heute schläfst du mit einem Typen und weißt anschließend nicht, ob ihr jetzt zusammen seid.

Es war vieles anders als heute. Aber wir hatten eine gute Zeit.

Wir sind aufgewachsen mit großen Träumen.

Ich sehe mich noch, wie ich bei Konzerten und Festivals vor der Bühne stand und zu meiner Freundin gesagt habe: *Da oben will ich stehen!* Sie meinte nur: *Halt die Fresse, Senna, lass uns eine rauchen.* Ich so: *Nein, ich werd das schaffen! Auch wenn alle es für unmöglich halten.*

Im ersten Buch habe ich euch von einer deutschen

Nachbarin erzählt, die mir sehr viel beigebracht hat. Es gab noch einen anderen Nachbarn. Ein alter Herr, der sah aus wie ein alter Nazi. Er war immer unfreundlich zu uns. Aber einmal saß ich stundenlang vor unserer Wohnungstür, weil niemand zu Hause war.

Der alte Nachbar kam vom Einkaufen und ging an mir vorbei. Er hat nicht *Hallo* gesagt, sondern ist direkt in seine Wohnung verschwunden. Ich habe gewartet und gewartet. Ich musste auf Toilette, meine Blase hat wehgetan. Irgendwann habe ich angefangen zu heulen. Dann hat er nebenan die Tür aufgemacht und mich gefragt: *Ist alles in Ordnung?* Ich meinte zu ihm: *Ich hab meinen Schlüssel vergessen.*

Er ging zurück in seine Wohnung, holte seinen Werkzeugkasten und hat mir einfach die Tür aufgeknackt. Ohne das Schloss kaputt zu machen.

Danke schön, habe ich gesagt. Er so: *Bitte.*

Das war's. Danach habe ich nie mehr ein Wort mit ihm gewechselt. Aber meine Einstellung ihm gegenüber hat sich verändert. Immer, wenn ich ihn gesehen habe, habe ich ihn gegrüßt, auch wenn sein Gruß nur stumm zurückkam.

Meine Denkweise ist wirklich 90er-Jahre. Auch weil mir Loyalität so wichtig ist.

Die Leute sagen immer zu mir: Du darfst nicht von dir selbst ausgehen. Ich finde, das ist eine billige Ausrede. Von wem soll ich denn sonst ausgehen? Mein eigener Maßstab ist hoch, also ist es doch ein guter Maßstab, um mich und andere Menschen daran zu messen, oder?

Ich versuch's euch zu erklären. Als ich aufgewachsen bin, war das für mich selbstverständlich, dass Menschen, die zur Familie gehören oder mit denen man befreundet ist, loyal zueinander sind. Erst mit der Zeit habe ich gemerkt, dass das gar nicht selbstverständlich ist. Nicht loyal sein heißt für mich: Du stehst nicht zu mir in einem Moment, in dem ich dich brauche. Und das ist für mich das Schlimmste, was du mir antun kannst. Es ist schlimmer als beleidigen, beklauen oder hintergehen.

Ihr könnt euch das sinnbildlich vorstellen: Da ist ein Kreis voller Menschen, ich stehe mittendrin, und alle zeigen mit dem Finger auf mich. Alle sind davon überzeugt, dass ich an etwas schuld bin – obwohl ich eigentlich nichts gemacht habe. Weil irgendein Lügenbaron etwas erzählt hat und die anderen es sofort geglaubt haben: *Ja, genau, Senna hat es gemacht, es kann nur so gewesen sein!*

Ich habe mir immer gewünscht, dass in solchen Momenten einer aufsteht und sagt: *Hey, ihr irrt euch! Sie ist der wundervollste Mensch auf Erden! Und ich kann es beweisen, weil ich mit ihr befreundet bin.*

In guten Zeiten braucht niemand zu mir zu stehen. In den guten Zeiten stehen meine Freunde und ich nebeneinander und genießen das Leben und die Lorbeeren, die wir ernten. In den schlechten, harten Zeiten, wenn auf mich geschossen wird, da brauche ich dich und deine schützende Hand. Hältst du die Kugeln auf? Trotz des Risikos? Du könntest ja ebenso getroffen werden.

Loyalität heißt für mich: Wenn die Kugel fliegt, wirfst du dich vor mich. Und ich werfe mich im gleichen Moment vor dich. Du dich wieder vor mich. Ich mich vor dich. Du dich vor mich, ich mich vor dich, du dich … und so weiter.

Wir könnten das locker tagelang durchhalten. Bis derjenige, der schießt, sagt: *Darauf hab ich jetzt echt keinen Bock mehr! Bleibt doch mal stehen!*

Am Ende wird der Schuss keinen von uns beiden treffen.

Für mich ist Loyalität grenzenlos. So ein großes tolles Wort! Ich weiß nicht, warum viele mit den Augen rollen. Ich würde jederzeit meine Familie und meine Freunde verteidigen. Und ich würde es sogar für Menschen tun, die ich gar nicht kenne. Wenn auf der Straße ein Einzelner von fünf Angreifern fertiggemacht wird, würde ich dazwischengehen. Das nennt man nicht Loyalität, das nennt man Zivilcourage. Aber im Kern ist es dasselbe. Weil du für jemanden einstehst – ohne darüber nachzudenken, was dir selbst passieren könnte.

Dieses Gefühl habe ich ganz stark in mir. Loyalität ist ein sehr wichtiger Teil von mir. Mut und innere Stabilität – auch ein großer Punkt. Und Zielstrebigkeit, die gehört auch zu mir. Und Respekt! Respekt geht über alles.

Weil mich diese Eigenschaften so prägen, kann ich nicht mit Leuten befreundet sein, die mit diesen Prinzipien nichts anfangen können.

Sagen wir, ich werde fertiggemacht, und die wichtigsten Menschen in meinem Leben würden sagen: *Wir mögen dich, aber aus der Sache halten wir uns jetzt lieber raus.* Wie soll das gehen? Wenn ich doch gerade mit Steinen beworfen werde, wenn mir wehgetan wird – und ich dringend eure Unterstützung brauche? Für mich bedeutet Freundschaft: füreinander einstehen. Zeugnis ablegen. Der Gegenseite laut entgegentreten: *Es stimmt nicht, was ihr sagt!*

Das heißt nicht, dass meine Freunde mit mir in jeden Krieg ziehen müssen. Aber sie würden immer sagen: *Ich habe die Geschichte anders gehört, als ihr sie erzählt. Und ich kenne Senna sehr gut!* Wer dazu nicht fähig ist, ist in meinen Augen nicht fähig zur Freundschaft. Wer nur in den guten Zeiten, beim Applaus und beim Erfolg dabei sein will, aber in den schlechten einen Rückzieher macht, ist kein Freund.

Erfolg – und das ist wirklich die Wahrheit – macht einsam. Alle sitzen an deinem Tisch, wenn die Flaschen geöffnet werden. Aber wenn die Flaschen geschmissen werden, sitzt du alleine am Tisch. Und das ist Real Talk.

Vor allem deine Fake Friends zeigen keine Loyalität. Im Gegenteil, sie schlagen sich auf die Seite der Angreifer. Und sie setzen die Waffen ein, die dich am meisten verletzen können. Vielleicht bin ich bei diesem Thema deshalb so empfindlich, weil ich das schon oft erlebt habe. Die Geschichten wurden nicht richtig erzählt. Details wurden ausgelassen, andere dazuerfunden.

Und schon stand ich wieder als die Hexe oder die böse Stiefmutter da. Ihr habt aus mir eine Gruselfigur gemacht. Ein Monster. Ich war auf einmal der WOLF in diesem Lügenmärchen.

Aber das bin ich nicht!

Ich bin das Einhorn! Ich bin das Glücksbärchen!

Ich bin die gute Fee, die mit ihrem Stab rumwedelt und euch Gutes wünscht!

Manchmal sieht es übrigens nur so aus, als wäre der Wolf der Böse. Aber frag dich mal, warum er so geworden ist? Es gab bestimmt eine Vorgeschichte. Sie wurde uns nur nicht erzählt. Die Gebrüder Grimm haben einfach vergessen, sie aufzuschreiben. Weil dann vielleicht das Rotkäppchen nicht mehr so gut dasteht. Versteht ihr, was ich meine?

Vielleicht würde der Wolf sogar ein paar Sympathiepunkte dazugewinnen. Lassen wir ihn doch mal seine Geschichte erzählen: *Als ich noch klein war, hat Rotkäppchen zusammen mit den anderen Kindern Steine nach mir geworfen. Sie hat auch mit ihrer Mutter Fallen im Wald aufgebaut. Rotkäppchen kam immer wieder in mein Revier, sie hatte es echt auf mich abgesehen. Dabei habe ich sie sogar gewarnt. Mehrfach. Dass ich mich eines Tages wehren werde! Wieso hat sie nicht zugehört? Sie hat MICH immer weiter provoziert. Deshalb habe ich zugeschnappt. Aber ich wollte ihnen nur einen Schreck einjagen, oder warum glaubt ihr, haben noch alle in meinem Bauch gelebt?*

Du siehst im Leben oft nur einen Ausschnitt, aber das Bild ist in Wahrheit viel, viel größer.

Lass dich nicht blenden. Eine Frau, die eine Nonnentracht trägt, muss keine Heilige sein. Ein Polizist in Uniform muss kein guter Staatsdiener sein. Er kann korrupt sein. Eine Frau, die mit einem Kinderwagen spazieren geht, muss nicht zwangsläufig eine Mutter sein. Ein ärmlich gekleideter Mensch muss nicht arm sein. Ein Mann mit einer Rolex? Kann ein Blender oder Hochstapler sein.

Schau genauer hin!

Die Band Freundeskreis hat mal gerappt: *Wenn der Vorhang fällt, sieh hinter die Kulissen. Die Bösen sind oft gut, und die Guten sind gerissen.* Es gibt viele Menschen, die uns belügen und betrügen wollen. Und sie finden immer jemanden, der ihnen glaubt.

Ich bilde mir gerne meine eigene Meinung. Wer das nicht macht, ist aus meiner Sicht ein dummer Mensch. Er plappert nur nach. Vielleicht ist er auch zu faul nachzudenken. Er ist froh, dass die Geschichte so simpel ist: das unschuldige Rotkäppchen, die arme Großmutter, der böse Wolf. Ich betrachte Dinge lieber von mehreren Seiten. Vielleicht komme ich zu dem Schluss, dass mir keine der drei Versionen gefällt. Vielleicht merke ich: Die haben sich in dem Märchen alle drei scheiße benommen.

Loyalität heißt für mich auch: Bieg dir die Wirklichkeit nicht nachträglich zurecht, um besser dazustehen. Und wenn jemand versucht, dich zu manipulieren: Hör dir alle Seiten an. Und zieh deine eigenen Schlüsse.

Ich erzähl euch jetzt eine wahre Geschichte. Sie ist mir wieder eingefallen, als ich neulich auf ProSieben *Queen of Drags* von Heidi Klum gesehen habe. Sagen wir so: Ich habe mich sehr gewundert, dass sich der Sender plötzlich für Dragqueens zu interessieren und einzusetzen scheint.

Vor zehn Jahren, als Dragqueens noch lange nicht im Mainstream angekommen waren, haben wir für das Monrose-Video von *Like a Lady* mit tollen Dragqueens zusammengearbeitet. Wir wollten etwas Besonderes machen und haben drei ausgesucht, die uns sozusagen symbolisch verdoppeln: eine Bahar, eine Mandy, eine Senna. Uns war bewusst, dass wir dafür Hate abkriegen würden. Ich als Muslimin am meisten. Ist doch klar, Dragqueens, das provoziert bis heute viele Leute. Es heißt dann immer: *Die sind anders*. Nein, die sind nicht *anders*, sie leben einfach ihr Leben. Punkt.

2010 haben wir den Song beim Finale von *Germany's Next Topmodel* gesungen, das Video kann man immer noch im Internet finden. Wir wollten natürlich mit den Dragqueens auftreten, aber es hieß, nein, die sollten nicht auf der Bühne stehen. Warum? Keine Ahnung. Meine Vermutung lautet: weil die Dragqueens auf ihren High Heels tausendmal besser gelaufen sind und sich eleganter bewegt haben als Heidis Models.

Wir drei haben gesagt: *Machen wir nicht*. Entweder die Dragqueens treten mit auf, oder wir kommen alle nicht. Alle haben rumgestresst! Wir sind hart geblieben: *Das ist ein Statement, die Dragqueens bleiben drin*. Und *guess what*: Sie standen am Ende mit auf der Bühne.

Aber wenn ihr bei dem Video genau hinguckt, seht ihr, dass der Sender sie fast komplett rausgeschnitten hat. Sie bekamen auch kaum Scheinwerferlicht.

Trotzdem haben wir uns dafür eingesetzt – gegen alle Widerstände. Weil wir es als Künstlerinnen konnten. Weil wir uns das getraut haben. Das Team stand zusammen. In der Dragqueen-Szene haben das viele bis heute nicht vergessen. Und guckt euch den Auftritt an, wir hatten alle eine grandiose *Attitude*!

Nochmal für dich:

Loyalität heißt nicht nur, für andere einzustehen, sondern auch für dich selbst.

Sei dir selbst ein treuer Freund – und ein guter Berater.

Sei stark genug, um Entscheidungen zu treffen.

Und halte den Zauberstab in deiner eigenen Geschichte.

KAPITEL 12

DER RICHTIGE SCHACHZUG

Das größte Kompliment, das man mir machen kann, lautet: *Wir hatten noch nie eine so eine anstrengende Künstlerin wie Senna Gammour.* Das ist eine absolute Ehre für mich, so was zu hören! Weil es bedeutet, dass ich aus meinen Projekten immer das Beste rausholen will. Ich geb mich nicht mit 85 Prozent zufrieden. Auch nicht mit 92 Prozent.

Es ist völlig in Ordnung, bei deinen Geschäftspartnern unbeliebt zu sein. Aber achte auf deinen Ruf. Halte immer dein Wort. Und vor allem: Liefere immer ab, was du versprochen und zugesagt hast! Das ist das Wichtigste. Du kannst die größte Bitch sein, aber sei kein Hurensohn! Denn ein Hurensohn hält sein Wort nicht. Am Ende werden die Leute über dich sagen: *Ja, es war megastressig mit ihr – aber es hat sich gelohnt! Guckt euch das Ergebnis an!*

Ihr dürft das jetzt nicht falsch verstehen: Ich benehme mich nicht wie eine Bitch, weil du mir meinen Kaffee nicht bringst oder weil du meinen Schuh nicht sauber machst oder mich nicht siezt oder nicht schnell genug meinen Make-up-Artist herholst.

So benehmen sich nur manche Promis. Ich kenne ein paar, die haben ein extrem schlechtes Benehmen, glaubt mir! Sie gehen mit ihren Mitmenschen ganz schlimm um. Sie sind genervt, schreien am Set rum, reden so mit anderen: *Mach das jetzt mal! Beweg deinen Arsch!* Sie sagen nicht *Bitte* und nicht *Danke*.

Nicht mal in den erfolgreichsten Phasen meines Lebens bin ich jemals so gewesen!

Selbst in den Zeiten, als mir alle die Poperze geleckt haben, habe ich darauf geachtet, zu den Leuten am unteren Ende der Hierarchie schon aus Prinzip immer nett zu sein. Zu den Kabelträgern, den Reinigungskräften oder den Praktikanten. Ich weiß, wie sich das anfühlt, wenn du rumkommandiert wirst und die Leute sich nicht mal deinen Vornamen merken. *Stefanie, komm sofort her! Äh, ich heiß Jasmin.* So was hat mir immer wehgetan. Kein Mensch sollte respektlos behandelt werden.

Und ich habe nicht vergessen, dass ich auch mal in der Position war, wo ich die Fenster für andere putzen musste.

Prominenz kann den Charakter verderben. Wenn du richtig bekannt bist, lebst du bequem. Alle machen, was du willst. Alle sagen nur das, was du gerne hörst. Du hast plötzlich Macht über andere.

Damit können viele Menschen nicht umgehen. Es ist schwer, bodenständig zu bleiben, wenn dir die ganze Welt deinen Arsch hinterherträgt. Oder wenn sie dir so tief in den Arsch reinkriechen, dass sie oben aus deinem Rachen wieder rauskommen. Man darf sich davon nicht verführen lassen und die Schmeicheleien glauben. Deswegen ruf ich mindestens einmal am Tag meine Mutter an. Sie sagt zu mir: *Komm mal wieder runter. Und putz deine Küche.*

Kurzfristigen Erfolg kannst du von heute auf morgen kriegen. Aber langfristigen Erfolg? Den hast du nur, wenn du auf dem Teppich bleibst. Einen wirklich reichen Menschen erkennst du nicht an seinen Klamotten. Einen reichen Menschen erkennst du an seinem Benehmen! Seiner guten Erziehung. Seiner Menschlichkeit.

Wenn du aber von den Dämonen des Erfolgs übermannt wirst, fängst du an mit Drogen, mit schlechter Ernährung, mit zu wenig Schlaf. Und – du versammelst die falschen Leute um dich.

Nimm zum Beispiel Whitney Houston: Sie hatte schon immer ein Drogenproblem. Dann hat sie Bobby Brown getroffen, der ein Alkohol- und ein Drogenproblem hatte. Die beiden haben sich gegenseitig richtig gefickt. Warum hat keiner aus ihrem Umfeld was gesagt? Weil sie alle abhängig von Whitneys Geld waren. Sie ist nicht an den Drogen gestorben, sondern an ihrem einsamen Herzen. Weil sie am Ende keine Freunde mehr hatte.

Ich werde immer sehr vorsichtig, wenn Leute mir so viel Zucker in den Arsch blasen, dass ich davon Diabetes kriegen könnte.

Einmal hat eine Firma mich kontaktiert, die waren

sehr hartnäckig, sind mir richtig auf den Sack gegangen. Also habe ich mir Zeit genommen und bin zu einem Meeting mit ihnen gegangen. Ihr hättet hören sollen, wie die mich vollgelabert haben, so sinngemäß: *Frau Gammour, Sie sind so geil, Sie sind so groß, Sie sind so perfekt!* Ich hab dazu nicht viel gesagt. Ich hab gemeint: *Ich bin auf einem guten Weg, aber es kann ruhig noch ein bisschen wachsen.*

Sie haben mir alles Mögliche versprochen, wollten mich ganz groß rausbringen. Doch je länger wir miteinander zu tun hatten, desto weniger war davon noch die Rede. Alles wurde immer kleiner und billiger. Ich habe mich von ihnen mehr und mehr verarscht gefühlt. Bis es mir gereicht hat. Ich habe ihnen gesagt: *Leute, erst wolltet ihr mir ein Königreich geben – und jetzt bietet ihr mir einen Keller an?*

Es ging hin und her, gab viel Streit, bis ich irgendwann beschlossen habe, dass ich die ganze Sache lieber alleine durchziehe. Ihr könnt euch nicht vorstellen, was dann los war. Der Chef persönlich rief mich an. Sinngemäß meinte er: *Ist dir klar, was du gerade machst? Ich zieh dich vor Gericht! Das darfst du nicht!*

Ich: *Sagt wer?*

Er: *Steht in deinem Vertrag!*

An der Stelle habe ich sehr laut angefangen zu lachen.

Er: *Warum lachst du so?*

Ich: *Frag doch mal deine Mitarbeiter nach meinem Vertrag.*

Da war er wieder, mein David-gegen-Goliath-Moment.

Ich: *Ich hab nie was unterschrieben.*

Auch die ganz Großen können gegen Kleine verlieren. Das war eine Firma mit unendlich viel Erfahrung. Und dann kam ich – die Senna aus der Frankfurter Nordweststadt mit der Bomberjacke – und hab ihnen meinen Mittelfinger gezeigt.

Ich habe zu ihnen gesagt: *Ihr hattet meinen Handschlag. Mein Wort. Und das gilt für mich auch. Aber in dem Moment, wo ihr mich verarschen wolltet, ist meine Hand zur Faust geworden.*

Ich habe danach nie wieder von denen gehört. Aber ich schwör's euch, sie werden sich noch lange an meinen Namen erinnern. Ich habe finanziell am Ende auch draufgezahlt, aber das war es mir absolut wert. Denn ich bin aus der Geschichte mit Eiern rausgekommen, die waren so groß wie Weltkugeln. Sie hatten sogar ihren eigenen Klimawandel.

Ich sehe mich selbst nicht als Star. Ich bin ein normaler Mensch. Ich nehme das manchmal gar nicht wahr, was ich alles reiße. Ich fühle mich immer noch als One-Woman-Show. Die Frau mit dem gesplitterten Handy und den Schuhkartons, die Videos für YouTube aufnimmt.

Aber durch ihr Verhalten hat diese Firma mich daran erinnert, was ich schon alles erreicht habe. Ich habe mir immer wieder ihre Vorschläge angehört, hab mich auf Kompromisse eingelassen, die mir eigentlich nicht gefallen haben. Bis irgendwann die rote Linie überschritten war und mir einfiel: *Moment mal, Senna, wie klein willst du dich noch machen lassen?*

Und wenn ihr mich jetzt ehrlich fragt: Natürlich habe ich Angst, wenn solche Manager mich anrufen! Wenn sie so krass selbstsicher auftreten. Wenn sie anfangen, über juristische Sachen zu reden.

Auch bei diesem Telefonat damals wurde ich innerlich ein bisschen unsicher. Habe ich aus Versehen doch irgendwas unterschrieben? Ich bin alles noch mal im Kopf durchgegangen. Aber ich konnte mich wirklich nicht erinnern.

Wenn du erfolgreich sein willst, musst du lernen, im richtigen Moment den richtigen Schachzug zu machen. In der ersten Runde gewinnst du, aber das ist nur Glück. In der zweiten verlierst du, war halt Pech. Aber ab der dritten Runde musst du die Spielregeln besser beherrschen als alle anderen am Tisch. Du wärst schön blöd, wenn du denselben Move noch mal machst, mit dem du in der zweiten Runde verloren hast.

Ich rate dir: Beobachte einfach erst mal. Ich habe gemerkt, dass meine Gewinnchancen durchs Beobachten stark steigen. Menschen machen immer wieder dieselben Züge. Je mehr ich sie beobachte, desto mehr durchschaue ich sie. Und ich kann meine Spielzüge besser kalkulieren. Zu 99 Prozent liege ich mittlerweile richtig.

Ich bin mir absolut sicher, dass nach dieser Geschichte viele in der Branche schlecht über mich geredet haben. Aber ich sage euch was: Das passiert so oder so! Trotzdem können sie mich nicht ignorieren. Weil meine Zahlen für mich sprechen.

Das gehört nämlich auch zur Wahrheit: Wenn du richtig weit oben bist, geht's nicht mehr um Sympathie oder Persönlichkeit. Dann heißt es nur noch: *Ey, Bro, die ist der Shit! Die verkauft gerade richtig! Scheißegal, was sie sagt, wir MÜSSEN die unter Vertrag nehmen. Auch wenn wir sie hassen. Vielleicht ist sie 'ne Zicke, vielleicht ist sie ein Mannsweib – aber sie garantiert uns den Erfolg!*

Ich weiß nicht, was das bei mir ist. Ich glaub einfach, in meiner Kindheit ist einiges passiert, was mich geprägt hat. Es gab Vertrauensbrüche. Mir wurde unrecht getan. Das hat mich auf gewisse Weise traumatisiert. Kinder können sich nicht wehren. Als ich mich schutzlos gefühlt habe, hat niemand Rückgrat bewiesen. Bis ich es selbst erledigt habe. Bis ich selbst genug Rückgrat hatte.

Der Schlüssel zu unserem Charakter liegt in der Kindheit. Mir hat in einigen Momenten das Gefühl gefehlt, beschützt zu werden. Das liegt nicht daran, dass meine Mutter eine schlechte Mutter war. Meine Mutter war und ist eine sehr gute Mutter! Aber es gab Situationen, in denen sie nichts ausrichten konnte. Ich musste lernen, mich selber zu verteidigen.

Jedenfalls bin ich groß geworden und wusste irgendwann: Ich lass mir nie wieder etwas von einem Stärkeren gefallen. Und ich werde immer meine Meinung sagen! Es muss danach nicht auch deine Meinung sein. Aber für mich ist es wichtig, sie auszusprechen. Wenn ich alles in mich reinfressen würde, was mich ärgert, hätte ich schon jede Krankheit der Welt bekommen.

Dabei gibt es eigentlich wenig, was mich wirklich verärgert: wenn jemand über meinen Kopf hinweg entscheidet, wenn man mich anlügt und mir gegenüber hochmütig ist.

Viele, mit denen ich beruflich in Kontakt komme, halten sich für was Besseres, weil ich ihre förmliche Sprache nicht spreche. Aber das heißt nicht, dass ich meine Kunst, meine Inhalte, meine Community nicht verstehe!

Ich hab's euch ja schon erklärt: Niemand kann es so fühlen und so erfolgreich machen wie du selbst. Andere können dich unterstützen, dir helfen, dich sponsern, dir Geld dazugeben, dir Reichweite geben, dir Türen öffnen. Aber dein Baby kannst nur du allein groß machen.

Nach Monrose habe ich meinen zweiten Vorhang selbst hochgezogen. Und ich werde ihn irgendwann auch wieder runterlassen. Aber niemand sonst lässt meinen Vorhang runter!

Ich werde oft dafür angefeindet und gehasst, dass ich mich querstelle. Dass ich angeblich *anstrengend* bin. Aber das glaube ich nicht. Was die Leute wirklich provoziert an mir, ist meine Unabhängigkeit. Glaubt mir: Ich bin eine gute Seele. Gute Seelen kommen in diesem Business eigentlich nicht weit. Ich bin trotzdem weit gekommen. Warum? Weil ich innerlich frei bin. Welcher vernünftige Mensch würde nach Monaten der Arbeit sagen: *Okay, dann halt nicht. Dann lass ich es eben platzen.* Und das ist bei mir keine leere Drohung. Weil ich keine Angst mehr vor den Konsequenzen habe.

Und weil ich weiß, dass mir niemand das wegnehmen kann, was meinen Erfolg im Kern ausmacht: meine Ideen, meine Energie und meine Handschrift.

Meine Eier sind
so groß wie
Weltkugeln.

Sie haben sogar
ihren eigenen
Klimawandel.

BY MISSGAMMOUR

KAPITEL 13

I HATE PEOPLE

Ich war immer ein großer Fan von *Pretty Woman*. Aber ich wollte mich nie von einem Mann aushalten lassen. Also dachte ich: Ich werde einfach so reich, dass ich mir alles erfüllen kann. Ich finanziere mir meine Träume selbst. Ich habe meine Mutter zu ihrem 70. Geburtstag nach Dubai eingeladen und auch meine Schwester und ihren Sohn mitgenommen. Ich wollte ihnen ein richtiges Luxusding bieten – von Businessclass über Versace-Hotel bis Wellnessmassage und Fahrdienst mit S-Klasse.

Alles richtig übertrieben, aber so wollte ich es! Wie wir es aus Filmen kannten.

Für die Reise hatte ich eine Menge Geld zurückgelegt und gespart, aber das war es mir absolut wert. Ich versuche wirklich jede Minute, jede Stunde, jeden Tag, jeden Monat so zu verbringen, dass ich hinterher sagen kann: *Ich hatte 'ne gute Zeit in meinem Leben.* Und was bedeutet Geld, wenn du die schönsten Momente nicht teilen kannst? Verbringt eure Tage mit Menschen, die ihr wirklich aus tiefstem Herzen liebt. Alles andere ist Zeitverschwendung.

Meine Mutter hat vorher noch nie Wellness gemacht, in ihrem ganzen Leben nicht. Sie wurde noch nie massiert und saß noch nie in einem Whirlpool. Sie hat ihr Leben lang gearbeitet, manchmal drei Jobs parallel. Weil mein Vater ja früh gestorben ist. Ihr Alltag, das war Arbeit, Kinder, Kochen, Haushalt. Sie ist in diesem Urlaub zum ersten Mal in ihrem Leben in einen Pool gestiegen. Das Bild – ohne Worte.

Auch meine Schwester Dounia hat es sich so verdient, sich mal zu erholen. Dounia heißt übersetzt: die Welt. Und das ist wahr, Dounia trägt die Last der Welt auf ihren Schultern. Sie zeigt mir immer wieder, dass man auch als Alleinerziehende alles schaffen kann. Es gibt so viele Kämpferinnen wie sie da draußen. Dounia würde eher hungern, bevor du hungerst. Und sie engagiert sich seit vielen Jahren sozial, sie hat auch die Hilfsorganisation Kindertränen e. V. gegründet. Der Verein hilft Kindern und ihren Familien in Somalia, Syrien, Marokko, Indonesien, zum Beispiel mit Medikamenten, Lebensmitteln, Öfen, Brunnen oder anderen lebenswichtigen Dingen. Dafür sammeln wir Geld, und ich spende auch oft meine Gagen. Aber meine Schwester ist der Kopf und das Herz des Projekts. Sie organisiert alles. Sie denkt nie an sich – sondern nur an andere.

Ich habe in Dubai meiner Schwester eine Tasche geschenkt. Ich wollte, dass sie das Gefühl hat, sich alles leisten zu können. Sie tut nie etwas für sich. Wir waren in einem Louis-Vuitton-Laden, und wer sich mit Marken auskennt, weiß, dass die Taschen in Dubai noch um einiges teurer sind als in Deutschland. Es war mir egal, meine Schwester sollte sich einfach mal etwas gönnen, ohne über Geld nachzudenken.

Der Trip war zu Ende, alle waren glücklich und motiviert. Nach diesem wunderschönen Urlaub sind wir total entspannt nach Hause geflogen. Es war alles cool. Wir haben uns umarmt, haben gesagt: *Wir müssen jetzt jedes Jahr so einen Familienurlaub machen. Und wir wünschen uns, dass unsere anderen Geschwister auch dazukommen.*

Dann sind wir in Frankfurt gelandet, meiner Geburtsstadt. Wir kamen gerade aus dem Flieger, hatten noch nicht mal unsere Koffer geholt – da laufen Zollbeamte auf uns zu. Ich meinte noch zu meiner Schwester: *Dounia, wir werden bestimmt gleich kontrolliert. Warum? Weil ich ich bin und weil unsere Mutter Kopftuch trägt?*

Es tut mir leid, und ich bin auch traurig darüber – aber genauso fühlt es sich für mich an! Als würden die Nicoles und Michaels, die jeden Tag aus denselben Fliegern steigen und auch mit vollen Taschen aus Istanbul oder Dubai kommen, viel seltener überprüft.

Die Beamten haben in unsere Handtaschen geguckt und eine kleine, leere Tüte bei meiner Mutter gefunden. Meine Mutter liebt es, Tüten aufzuheben. Das macht jede Mama, oder? Wir wurden dann gefragt, woher die Tüte stammt. *Steht doch drauf*, habe ich gesagt. *Lou-is Vui-tton*. Sie fragten, was der Inhalt war.

Die Wahrheit ist: Als wir in dem Louis-Vuitton-Laden waren, hat der Verkäufer jeder von uns zum Abschied eine kleine Tüte mit Parfümproben mitgegeben.

Das Gespräch mit den Zollbeamten ging eine Weile hin und her. Besonders freundlich war der Ton in meiner Erinnerung nicht. Meine Mutter, die Diabetikerin ist, hat angefangen, Panik zu schieben. Man darf nicht vergessen, dass sie viel durchhat und auch schon alt ist. Zollbeamte, Polizisten, das ist für sie alles das Gleiche. Menschen in Uniformen. Sie dachte, die nehmen uns jetzt gleich fest. Deshalb wurde sie bleich und hat angefangen zu zittern. Durch den ganzen Stress hat sie dann *du* und *Sie* verwechselt. Sie hat den Beamten aus Versehen mit *Du* angesprochen.

Daraufhin schnauzt der Typ meine Mutter an: *Es heißt Sie!*

Wisst ihr, wie schwer es in dem Moment für mich war, nicht wie eine 16-Jährige rumzuschreien? Als Jugendliche wäre ich richtig ausgerastet: *Du bist ein dreckiger Bastard, und ich ficke dich!*

Ich bin kein Schlägertyp, überhaupt nicht. Aber wenn es drauf ankommt und mein Beschützerinstinkt geweckt wird, würde ich vermutlich in den Ring steigen. Wenn es um mich geht, kann ich sachlich bleiben. Aber wenn es um meine Mutter geht, werde ich emotional!

Beleidigt habe ich den Zöllner natürlich trotzdem nicht. Aber ich bin direkt auch lauter geworden: *Reden Sie nicht so mit meiner Mutter! Nie wieder! Reden Sie mit MIR!*

Wir konnten dann erst mal weitergehen. Er hatte ja

außer einer leeren Tüte nichts gefunden. Aber es kam mir schon ein bisschen spanisch vor. Weil ich dachte, die müssten doch jetzt eigentlich noch in die Koffer gucken. Und ja, genau, während wir auf unser Gepäck gewartet haben, kamen weitere Beamte auf uns zu.

Die haben uns dann richtig auseinandergenommen. Mehrere Polizisten haben sich mit mir beschäftigt, die anderen mit meiner Schwester und meiner Mutter. Natürlich haben sie die neue Tasche meiner Schwester entdeckt und auch die Quittung dazu. Der Zollbeamte hat uns dann aufgeklärt, dass wir, wenn wir im Ausland für über 400 Euro einkaufen, das bei der Einreise angeben müssen. Ich meinte zu ihm noch: *Erklären Sie mir auch den Sinn von diesem Paragrafen?* Wir erinnern uns: Ich hatte für die Tasche in Dubai 500 Euro mehr bezahlt als in Deutschland.

Die Beamten haben mir ausführlich mit allen Paragrafen das Gesetz erklärt. Also: *my fault!* Ich fliege sehr oft, ich hätte mich erkundigen müssen. Ich nehme das absolut auf meine Kappe.

Wir haben noch eine Weile über den Sinn und Zweck von Zöllen und Steuern diskutiert, und ich habe ihnen gesagt, dass ich meinen Mund gar nicht aufmachen würde, wenn der Staat uns besser schützen würde. Ist aber nicht so. Ich sag nur: Halle und Hanau. Ich dagegen habe noch nie jemandem etwas getan, zahle pünktlich meine Steuern – und werde trotzdem ständig behandelt wie eine Verdächtige.

Wenn ich mit meiner Freundin Clumsy in Berlin

Auto fahre, hält uns auch dauernd die Polizei an. Wir sind angeschnallt, beachten das Tempolimit und haben das Warndreieck dabei. Aber es könnte ja irgendwas mit uns nicht stimmen. Dabei sind wir nur zwei Frauen auf dem Weg zum Kindergarten. Das einzig Gefährliche, das wir an Bord haben, ist die vollgeschissene Windel von Clumsys Tochter Celia im Kofferraum! Das ist allerdings wirklich eine tickende chemische Zeitbombe.

Ende vom Lied am Frankfurter Flughafen: Wir haben Zoll für die Tasche bezahlt, und ich habe eine Strafanzeige bekommen.

Okay, damit kann ich leben. Aber was mich wirklich wütend gemacht hat: dass meine Familie behandelt wurde, als hätten wir 17 Kilo Koks in unseren Taschen versteckt und als wäre meine Mutter die Ex-Frau von Pablo Escobar. Das Ganze hat uns außerdem viel Zeit gekostet – und ich musste ja noch einen Flug nach Berlin kriegen. Wir konnten uns nicht richtig verabschieden.

Meine Mutter hat geweint, weil sie an sich gezweifelt hat. Sie dachte, wir wären nur in den Konflikt geraten, weil ihr Deutsch in dem Moment nicht gut genug war. Das war das Schlimmste für mich!

Aber – der Tag war noch nicht vorbei. Ich musste meine Koffer noch mal einchecken, weil ich kein durchgehendes Ticket nach Berlin hatte. Der Check-in war rappelvoll. Nach all dem, was schon passiert war – Kontrolle, Strafzahlung, Anzeige, schlechte Verabschiedung –, war ich ziemlich am Limit.

Ich bin zu einem Sicherheitsmitarbeiter gegangen, hab mein Ticket gezeigt und gefragt, ob ich vielleicht vorgelassen werden könnte. Er konnte mir nicht helfen, wollte, dass ich jemand anderen frage, wusste aber auch nicht genau, wen. Also haben wir ein bisschen rumdiskutiert, aber in ganz normalem Tonfall.

In dem Moment mischt sich ein Mann ein. Ungefähr sechzig Jahre alt. Ein Olaf oder ein Detlef oder ein Horst. Ältere Menschen in Deutschland machen das sehr gerne, jeden zweiten Tag passiert mir das.

Jetzt reicht's aber langsam, sagt dieser Olaf sinngemäß zu mir. *Hören Sie doch mal auf, hier Stress zu machen, und stellen Sie sich hinten an.*

Wut ist etwas, was sich bei mir langsam aufbaut und dann lange bestehen bleibt. Ich habe mit den Jahren gelernt, sie zu kontrollieren. Trotzdem ist das mein Dämon, ich trage ihn in mir. Deshalb versuche ich, Konfrontationen aus dem Weg zu gehen. Weil meine Wut wie ein wildes Tier ist. Immer in mir. Aber meistens schläft das Biest. Weck es nicht! Piks es nicht! Lass mich einfach in Ruhe! Denn wenn der Dämon erwacht, ist er stärker als ich. Am schlimmsten ist es, wenn ich mich angegriffen, missverstanden oder ungerecht behandelt fühle. Und das passiert oft. Ich werde ständig in Schubladen gesteckt. Warum?

Weil ich eine Frau bin.

Eine dunkelhäutige Frau.

Eine muslimische Frau.

Eine erfolgreiche Frau.

Eine große Frau.

Eine dünne Frau.

Eine nicht verheiratete Frau.

Eine kinderlose Frau.

Leute, die ich nicht kenne, mischen sich in mein Leben ein, verurteilen und beleidigen mich. Oder behandeln mich wie einen Verbrecher, obwohl ich noch nie einer Menschenseele was angetan habe.

Ich habe in Frankfurt an der Absperrung wirklich versucht, es diesem Olaf ruhig zu erklären: *Hören Sie, mein Flug geht gleich …*

Ich habe eine sachliche deutsche Sprache gesprochen, kein *Alter* oder *Digga*.

Was ist passiert? Olaf bekam noch mehr Mut, mich zu bevormunden oder zu erziehen, weil er dachte, ich bin schwach. Es war seine Gelegenheit, mich dafür zu bestrafen, dass ihm vielleicht irgendwann mal etwas Schlechtes widerfahren ist. Vielleicht hat jemand, der so aussieht wie ich oder die gleiche Zweitsprache spricht wie ich, ihn auf irgendeine Weise ungerecht behandelt. Das wollte er jetzt an mir auslassen.

Dreimal habe ich meine Erklärung wiederholt.

Er hat nicht aufgehört.

Dann ist es passiert.

Ich sag euch, wie es ist: Ich wurde laut, ich wurde asozial.

Am liebsten hätte ich zu diesem Olaf gesagt: *Ich bin 40 Jahre alt und verdiene deinen Respekt! Benimmt sich so ein 60-Jähriger, der vielleicht Kinder und Enkelkinder hat, gegenüber einer erwachsenen Frau? Ich versuche hier nur, eine Lösung zu finden. Ich habe mich NICHT vorgedrängelt!*

Ich konnte meine Wut in diesem Moment leider nicht mehr kontrollieren.

Ich drängle mich nie vor. Im Gegenteil: Ich halte Jungen und Alten die Tür auf. Ich trage Olafs und Horsts Ehefrauen die Tüten die Treppe hoch.

Alle haben uns angeschaut. Keiner hat mich verteidigt.

Keiner hat Olaf kritisiert. Weil Olaf ja das Opfer war. Ich war mal wieder der Täter. Ich habe angefangen zu weinen, ich war fertig, es war alles zu viel. Niemand hat sich zu mir umgedreht und mir ein Taschentuch angeboten.

Ich muss mir immer anhören, dass ich mich schämen soll. Ich soll mich dauernd für irgendwas schämen. Aber wisst ihr was: Ich schäme mich nur für eine Sache. Dass ich ein Mensch bin. Ich hasse Menschen. Genauer gesagt: Ich hasse, wie Menschen zu Menschen sind. Wo war in dem Moment das Mitgefühl? Ein Funken Menschlichkeit?

Meinen Flug nach Berlin habe ich am Ende noch bekommen – aber nur, weil er Verspätung hatte. Ich saß im Flieger, sah schrecklich aus, total verheult.

Da kommt die Stewardess zu mir, eine junge Frau, und sagt sinngemäß: *Es wird alles wieder gut. Du bist doch eine starke Frau, Senna. Ich weiß es, ich habe dein Buch gelesen.*

Erst da konnte ich wieder ein bisschen lächeln.

Als ich endlich zu Hause war, ist meine Wut langsam

vergangen. Und ich habe es im Nachhinein bereut, dass Olaf mich zum Ausflippen gebracht hat. Er war es nicht wert, dass ich mich so aufrege.

Aber was in meinem Herzen zurückbleibt, ist dieses Gefühl von Traurigkeit: Ich fühle mich nirgendwo zu Hause und willkommen. In Deutschland bin ich die Marokkanerin, in Marokko die Deutsche. Es ist unfassbar, dass ein Mensch, der in Deutschland geboren und zweisprachig aufgewachsen ist, der aus zwei Kulturen stammt, es so schwer hat, seinen Platz zu finden. Die Gesellschaft gibt ihm ständig zu verstehen: Du gehörst nicht dazu, wir trauen dir nicht.

Manchmal wäre
ich gerne ein
Schmetterling:
geringe Lebenszeit,
aber ich seh die
ganze Zeit toll
aus – und kann
jederzeit von allem
wegfliegen.

BY MISSGAMMOUR

KAPITEL 14

DIE SCHULE DES LEBENS

Meine Mutter meinte immer zu mir: *Du musst in die Schule gehen! Du musst was Anständiges lernen!* Vielleicht habt ihr neulich auf Instagram mein Berufsschulzeugnis gesehen. Mangelhaft. Ungenügend. 91 Fehlstunden. Alter, wo war ich? Was habe ich getan? Ich weiß es nicht mehr.

Ich könnte jetzt sagen: Ich verdiene heute trotzdem mehr als alle Lehrer dieser Berufsschule zusammen. Aber das sag ich nicht.

Warum? Weil Schule wirklich wichtig ist! In der Schule habe ich Durchhaltevermögen gelernt. Und Disziplin. Ich habe gelernt, morgens aufzustehen und ein Ziel vor Augen zu haben. Ich musste Hausaufgaben machen, ich wurde bewertet für meine Leistungen. Außerdem habe ich meine Deutschkenntnisse weiter verbessert. Wobei ich zugeben muss, dass Rechtschreibung immer noch nicht meine Stärke ist. Aber die wurde seit den 90ern auch hart verändert! Ich kann nichts dafür!

Ich habe euch ja schon erzählt, dass es in meiner Schulzeit Mobbing gab und Ungerechtigkeiten. Aber es gab auch Lehrerinnen, die sehr gut zu mir waren. Die eine hieß Frau Junghans. Sie sah so toll aus! Sie kam mir vor wie aus dem Denver Clan. Jedem Kind hat sie das Gefühl gegeben, etwas Besonderes zu sein. Sie hat keine Unterschiede zwischen uns gemacht. Ich dachte, sie sagt das alles nur für mich. Diese Kunst hat sie beherrscht, dass du wirklich dachtest, sie spricht allein zu dir. So schön und so herzlich war sie.

Einmal hat sie mich zu sich nach Hause eingeladen. Da habe ich ihr weißes Klavier gesehen. Ihren riesigen Garten. Die Kinder gingen zum Tennis, und einen kleinen Hund gab es auch. Sogar dieser Hund hatte schönere Haare als ich! Und es war so ruhig in diesem Haus. Auch ihr Ehemann war wie aus dem Bilderbuch. Ich dachte die ganze Zeit: *Warum kann Frau Junghans nicht meine Mutter sein? Warum können das nicht meine Geschwister sein?* Abends kam ich nach Hause, es hat wieder nach Sucuk gerochen, und ich musste mir mein Zimmer mit meinen Geschwistern teilen. Ich wusste nicht, wo mein Pulli ist, weil irgendjemand sich den ausgeliehen hatte.

Aber ich sag euch was: Wenn du neidisch bist auf das Leben anderer, musst du hinter die Fassade gucken. Du darfst nicht glauben, dass alles, was glänzt, auch Gold ist. Ich weiß nicht, wie es bei Frau Junghans zuging, wenn die Tür zu war und der Besuch nach Hause gegangen. Ich weiß nur, wie es bei uns war. Es wurde jeden Tag geschrien – aber es gab auch immer Liebe und Zusammenhalt. Als Kind habe ich mich vielleicht von kleinen Hunden mit schönen Haaren blenden lassen. Doch im Endeffekt bin ich sehr froh und stolz, eine Gammour zu sein.

Ich erinnere mich noch an eine andere Lehrerin, die mich geprägt hat. In der Pubertät hatten es die Lehrer nicht leicht mit mir, es gab ständig irgendwelchen Ärger. Nur Frau Krüger war cool. Sie war sehr streng. Vor ihr hatten alle Schiss. Wenn du bei ihr eine 3 bekommen hast, war das wie eine 1+! Sie hat mich oft nachsitzen lassen. Aber irgendwann hat sie mich mal zur Seite genommen.

Sie hat gesagt: *Senna, du spielst immer den Klassenclown. Aber die anderen lachen nicht mit dir, die lachen über dich. Hör auf, dich mit falschen Leuten zu umgeben. Die bringen dich im Leben nicht weiter.*

Ich habe gemeint: *Hä, wieso?*

Sie: *Du bist kein dummes Mädchen. Und es regt mich auf, dass du das nicht erkennst!*

Diese Frau war echt die beste Lehrerin aller Zeiten. Ich habe meinen Schulabschluss nur wegen ihr gemacht.

Als ich den Abschluss in der Tasche hatte, kam sie noch mal zu mir: *Du weißt schon, dass du einen besseren Notendurchschnitt hättest schaffen können. Aber ich mach mir keine Sorgen um dich. Du wirst deinen Weg gehen.*

Ihre Worte sind bis heute in meinem Kopf hängen geblieben.

Was ich euch jetzt sage, hört sich erst mal sehr egoistisch an. Richtig ätzend. Ich sag's trotzdem: Wenn du erfolgreich sein willst, musst du dir neue Kreise suchen.

Du sollst deine Freunde nicht aufgeben oder verleugnen – aber vielleicht musst du sie eine Weile in Urlaub schicken. Erkär's ihnen: Nicht böse sein, Leute, aber ich muss mich auf meine Arbeit konzentrieren.

Als ich damals mit den Bühnenshows anfing, habe ich mich mit Menschen getroffen, die auch Comedy machen. Mit Menschen, die kurz vor dem Durchbruch standen – oder ihn schon geschafft hatten. Ich habe das nicht gemacht, um sie auszunutzen. Sondern weil es zwischen uns eine Verbindung gab. Unsere Energien haben sich angezogen. Wenn du dich mit erfolgreichen Menschen aus deiner Branche umgibst, fällt es dir automatisch leichter, deine eigenen Projekte durchzuziehen. Das sind die Vibes! Du willst mit den anderen mithalten. Du siehst: Es kann funktionieren – warum sollte ich es nicht hinkriegen?

Ich bin kein besonders materialistischer Mensch. Aber wenn es gut läuft, will ich, dass es noch besser läuft. Geldverdienen ist für mich nichts Schlechtes, ich nehme ja niemandem was weg. Ich unterstütze damit meine Familie, gebe meiner Mutter ein gutes Zuhause. Ich denke nicht egoistisch. Ja, es stimmt, ich bin ehrgeizig. Ich habe aus dem Nichts etwas erschaffen, und ich will, dass es größer wird.

Als ich mit der Comedy langsam bekannter wurde,

habe ich immer mehr erfolgreiche Menschen kennengelernt. Seitdem läuft es noch besser. Meine Freunde sind meine Freunde geblieben, sie kamen auch wieder zurück aus dem Urlaub. Aber ich brauchte Inspiration von außen!

Ich will's noch mal genauer erklären, damit du das nicht falsch verstehst: Sagen wir, du bist Sängerin. Keine von deinen Freundinnen singt. Du hast eine Kindergärtnerin im Freundeskreis, eine Anwältin, eine Altenpflegerin und eine Arbeitslose. Du bist die Künstlerin in eurer Runde.

Wenn du jeden Tag 24/7 mit deinen Freunden abhängst, wirst du niemals an dein Ziel kommen. Du brauchst ja eigentlich Gesangstraining, du musst ins Studio gehen, du solltest dich mit Produzenten und Musikern umgeben, die dich weiterbringen. Und die du mit deiner Stimme weiterbringst – denn man profitiert immer voneinander! Wenn du aber den ganzen Tag mit deinen Freundinnen zusammen bist, die in einer ganz anderen Welt leben, wirst du nie deinen Weg in die Musikbranche finden.

Oder sagen wir, du machst eine Konditor-Ausbildung und wärst gerne ein erfolgreicher Tortenbäcker: Wenn du jeden Tag mit deinen besten Kumpels vom Baumarkt rumhängst, wird das nicht passieren. Such dir Leute, die auch backen und davon total erfüllt sind. Du kannst natürlich versuchen, deine Freunde mit in deine Küche zu zerren. Aber sie haben darauf gar keinen Bock. Sie rühren den Teig nur halbherzig zusammen und fragen dich die ganze Zeit, wann sie endlich eine rauchen gehen dürfen.

Natürlich sollst du deine Freunde behalten und deine Freundschaften pflegen – das ist ganz wichtig! Aber setz daneben einen zweiten Kreis auf. Umgib dich mit Menschen, die die gleiche Leidenschaft haben wie du.

Deine Freunde müssen nichts mit deinem Business zu tun haben und dein Business nichts mit deinen Freunden. Du wirst ab jetzt zwei Rollen in deinem Leben spielen. Vermisch sie nicht. Irgendwann, bei deiner großen Release-Party, da lädst du natürlich alle ein! Aber ansonsten hältst du die Sphären auseinander.

Ich mache das auch. Ich habe zwei Welten: meine private, in die ich entfliehe, wenn mir alles zu viel wird. Meine Freunde sind meine Inspiration! Im Privaten bin ich umgeben von Kindern, von Essen, von Pampers. Das ganz normale Leben! Das ist sehr wichtig, um seine Balance zu behalten und die Bodenständigkeit nicht zu verlieren.

Beruflich habe ich mit anderen Leuten zu tun. Das passiert automatisch. Musiker ziehen Musiker an, Millionäre ziehen Millionäre an, Fuckboys ziehen Fuckboys an – so lautet halt die Formel. Ich habe gelernt, die Welten voneinander zu trennen. Herz und Kopf dürfen auch mal getrennte Wege gehen. Natürlich bringe ich in mein Business viel Herzblut rein. Aber eigentlich gehört das Herz ins Private, zu meiner Familie und zu meinen Freunden. Meine Show, meine Bühne, meine Verträge, das ist absolut Kopf.

Und ich finde das gar nicht schlimm. Denn Verstand und Gefühl bleiben ja verbunden. Kopf gehört zu Herz, Herz gehört zu Kopf. Wenn dein Gehirn nicht mehr funktioniert, schlägt auch dein Herz nicht mehr. Und wenn dein Herz nicht mehr schlägt, fühlst du nichts mehr und atmest nicht.

Ich bin Herz UND Kopf. Ich trenne sie und füge sie wieder zusammen. Das mache ich am liebsten in meinem Rückzugsort – in meinem Zuhause, in meinem Bett. Wenn ich ganz alleine bin, ist da nur noch eine: Senna. Diese Senna brauche ich, ohne sie geht es nicht.

Diese Senna ist es, die es von der Schule bis hierher geschafft hat. Sie hat auf ihr Herz gehört – aber sie hat auch ihren Verstand eingeschaltet.

Rede ich gerade in der dritten Person von mir? Leute, das ist auch Erfolg! Wenn du anfängst, in der dritten Person von dir zu reden!

KAPITEL 15

SINGLE UND FABELHAFT

Es gab Phasen in meinem Leben, da war ich offiziell Single. Aber eigentlich war ich kein Single, sondern ich war in meinem Liebeskummer gefangen. Weil ich immer noch an diesem Typen gehangen habe. Ich hätte ihn schneller vergessen sollen, aber ich war hart verliebt und wollte die Hoffnung nicht aufgeben, dass alles wieder gut wird. Ich dachte: *Er wird sich ändern, er wird nicht mehr fremdgehen, er wird mir fünf Kinder machen und mit mir zusammen ein Haus kaufen.*

Mit solchen Gedanken habe ich meine Tage und Nächte verbracht.

Wenn ich heute daran denke, kommt mir das sehr weit weg vor.

Noch nie in meinem Leben gab es eine Phase wie jetzt: dass ich wirklich Single war und absolut glücklich damit. Wisst ihr, warum? Ich liebe niemanden – also keinen Mann. Ich finde mal den ein oder anderen ganz süß. Anziehend und sexy. Kürzlich habe ich einen kennengelernt, der mich sehr fasziniert. Trotzdem kann ich mir nicht vorstellen, ernsthaft was mit ihm anzufangen. Meine Freunde meinten sofort: *Nimm ihn, und mach einfach ein Kind mit ihm!* Das war natürlich nur Spaß, aber mit einem Funken Ernst dabei. Aber so was würde ich nicht machen, das ist nicht mein Stil. Es tut mir einfach gut, mit ihm zu flirten.

Wenn Männer toll aussehen, intelligent sind, klug, aufmerksam und wenn sie Style haben – das zieht mich an. Früher hat es mich eher angezogen, wenn die Typen mich schlecht behandelt haben.

Dann lief bei mir das Programm ab: *Er will mich nicht? Oh Gott, deshalb will ich ihn noch mehr!*

Oder: *Er lässt mich links liegen und behandelt mich wie den letzten Dreck? Oh mein Gott, ich liebe ihn!*

Du kannst jeden vernünftigen Mann da draußen fragen – die verstehen uns Frauen nicht. Die fragen sich: *Ey, warum sind Frauen so gestört? Wieso stehen die nur auf Arschlöcher?* Ich glaube, so ticken vor allem junge, unsichere Frauen. Ich weiß es, ich war ja selbst so. Vor zwanzig Jahren konnte mich ein Typ ignorieren und dabei auch noch aussehen wie meine Schuhsohle. Ich war trotzdem überzeugt: *Er ist so süß! Er ist der Mann meiner Träume!* Er ruft mich zwar nicht zurück, will nicht mit mir gesehen werden, trifft sich noch mit anderen Weibern – aber ICH LIEBE IHN! Ich würde sterben für ihn! Ich würde mein Herz rausreißen für ihn!

Wenn mir heute solche Typen auf Instagram schreiben, muss ich noch nicht mal ihre Nachrichten lesen. Ich sehe nur das Profilbild und weiß schon Bescheid.

Das nennt man Lebenserfahrung! Ich will kein Klugscheißer sein, aber ich checke es einfach schneller mittlerweile.

Zum ersten Mal in meinem Leben bin ich keine Gefangene meines verletzten Egos. Das ist so ein krasses Gefühl von Unabhängigkeit!

Trotzdem muss ich mich dafür ständig rechtfertigen. Dauernd greifen mich Leute dafür an, kritisieren oder beschimpfen mich, weil ich keine Kinder habe, nicht verheiratet bin, keinen Freund habe, weil ich glücklicher Single bin und vor allem: weil ich NICHT mal auf der Suche bin nach einem Mann. Nicht falsch verstehen: Ich liebe die Liebe. Ich finde Männer cool. (Damit meine ich nicht die Arschlöcher da draußen.) Ich beobachte Männer gern, ich mag ihre Art. Aber noch nie hat sich das Singledasein so gut angefühlt.

Nicht wie eine Zwischenlösung.

Nicht wie ein fauler Kompromiss.

Sondern richtig. RICHTIG.

Wenn ich mir viele Beziehungen heutzutage anschaue, werde ich nur noch in meiner Meinung bestätigt. Überall Kränkungen, Fremdgehen, Scheidungen. Ich sehe so viele Leute, die mit einem Fragezeichen in ihrem Herzen rumlaufen: Warum bin ich eigentlich noch mit ihm oder ihr zusammen? Warum tue ich mir das an? Liebe ich meinen Partner noch? Brauche ich ihn? Viele Paare sind in Wahrheit gar nicht besonders glücklich.

So will ich nicht leben! Ich will auch nicht mit jemandem zusammen sein, nur weil mir die Gesellschaft das vorschreibt. Oder von mir erwartet. Ich weiß nicht, was besser ist – ob mit Partner oder ohne. Aber ich weiß, was sich in diesem Augenblick für mich gut anfühlt: Zurzeit brauche ich niemanden an meiner Seite.

Ich reiche mir selbst vollkommen.

Ja, ich werde älter. Was ist so schlimm daran, älter zu werden? Wollt ihr lieber jung sterben? Wollt ihr keine Geschichte schreiben? Wir sind die ersten Generationen von Frauen, die dazu die Möglichkeit haben. Meine Oma wurde schon als Teenager verheiratet! Und meine Mutter? Die war zwanzig, als sie geheiratet hat. Das waren andere Zeiten, andere Umstände. Ich wünsche sie mir nicht zurück.

Wusstet ihr, dass Frauen in Deutschland erst seit rund 100 Jahren wählen dürfen? In Marokko sogar erst seit den 50ern! Die Frauen, die das durchgesetzt haben – was denkt ihr, welche Kriege die ausfechten mussten, wie die angefeindet wurden? Damit wir heute Rechte haben und selbstbestimmt leben können! Und jetzt verurteilen Frauen andere Frauen dafür, dass sie unabhängig sind, alleine wohnen und selbst entscheiden, ob sie zu ihrem Glück einen Mann brauchen? Versteh ich nicht! Warum machen wir uns gegenseitig das Leben so schwer?

Zurzeit bin ich sehr glücklich. Wenn ich Liebe will, geh ich zu meiner besten Freundin und umarme meine Kleine. Vielleicht kommt auch wieder eine Phase, in der ich unglücklich bin. Oder in der ich mich danach sehne, mit jemandem zusammen zu sein. Wenn es so weit ist, begebe ich mich auf die Suche. Und dieser blöde Satz, von wegen: *Solange du suchst, findest du nicht.* Fuck you, Alter. Wenn ich einen bestimmten Schuh von Prada will und mich auf die Suche mache, dann finde ich den – glaub mir das, Schwester. Ich finde alles! Warum sollte ich keinen Mann finden? Ich werde ihn finden. Aber zurzeit suche ich ihn gar nicht. Weil ich keinen Bock darauf habe!

Bei diesem Prada-Schuh – den gab's wirklich – habe ich sechs Monate gebraucht. Dann hatte ich ihn gefunden. Total überteuert. Aber ich habe ihn gekauft und trage ihn sehr gerne! Ich sag euch was: Gerade, wenn ihr sucht, findet ihr! Es kommt halt drauf an, was du suchst. Wenn du nach einem Arschloch suchst, findest du ein Arschloch. Wenn du einen Fremdgeher suchst, findest du einen Fremdgeher. Wenn du einen Fuckboy suchst, findest du einen Fuckboy.

Ich suche nicht. Ich bin erfüllt. Ich mach, was ich will. Wenn ich mit 42 plötzlich Lust habe, in Weiß zu heiraten – warum nicht? Vielleicht zieh ich auch einen dunklen Anzug an. Aber solange es sich nicht richtig anfühlt, lasse ich es ganz sein.

An all die Frauen da draußen, die noch deutlich jünger sind als ich und Angst vor der 30 haben: Ich schwöre euch, spätestens Mitte oder Ende 30 wird es unfassbar! Ich kann euch nicht erklären, was genau passiert, aber plötzlich fühlst du dich als Frau so überlegen! Du bist voller Energie! Du hast es im Griff! Ich hatte noch nie so einen geilen Style wie jetzt. Ich war noch nie so wortgewandt. Ich war noch nie so schön. Ich war noch nie so knallhart. Und ich habe noch nie so bewusst meine Entscheidungen getroffen.

Einen starken Charakter hatte ich auch früher schon, aber ich habe mich oft nicht wohlgefühlt in meiner Haut. Ich mochte mich oft nicht. Mit 40 fühl ich mich wirklich wohl. Ich fühle mich zu Hause. Und mein Zuhause ist IN MIR.

Und ich werde auch eine coole 50-Jährige sein. Die Leute werden es immer noch lieben, mit mir abzuhängen. Ich bleibe ja dieselbe Seele, derselbe Charakter. Und wenn ich dann immer noch so rede wie heute – stellt euch das vor, das wird doch übelst lustig!

Was ich euch sagen will: Ihr braucht überhaupt keine Angst vor dem Alter zu haben!

Ihr könnt es ja sowieso nicht aufhalten. Warum auch? Warum denken alle, jung sein ist so geil? Ich finde jung sein okay. Aber es geht einem mit der Zeit schon auf die Nerven, immer pleite zu sein und nicht zu wissen: *Wachsen meine Brüste noch, oder wachsen sie nicht mehr? Bleibt dieser Arsch für immer so?* Ab 30 weißt du wenigstens Bescheid.

Meine Erfahrung ist: Erfolgreiche ältere Frauen wirken megasexy auf jüngere Typen. Die wollen gar keine gleichaltrigen. Mich hat kürzlich ein Rapper angeschrieben, richtig cooler Typ. Hat mich eingeladen zu einem Videodreh, weil er mich unbedingt für eine Szene dabeihaben wollte.

Ich habe es erst gar nicht gerafft. Warum soll ich da mitspielen? Er meinte sinngemäß: *Senna, du bist eine Legende! Ich will, dass du im Video als Topmodel auftrittst.* Ich sag's euch: Solche Sätze hörst du auch erst ab 40. Das war für mich ein Riesenkompliment. Ich komm immerhin aus den 90ern. Äußerlich bin ich genau da stehen geblieben. Aber innerlich bin ich gewachsen. Perfekte Mischung!

Erinnert ihr euch an den Typ aus dem ersten Buch, den ich am Krankenbett besucht habe? Er hat sich wieder gemeldet – nach einem Jahr. Sinngemäß hat er geschrieben: *Warum meldest du dich nicht mehr?* Ich hätte antworten können: *Warum meldest DU dich nicht?* Aber wisst ihr, was ich zurückgeschrieben habe:

Ich: *Sorry, ich hatte gar keine Zeit. Ich hab so viel zu tun.*

Er daraufhin: *Geht's dir gut?*

Ich: *Ja, mir geht's super. Und dir? Du bist ja immer fleißig.*

Er: *Das sagt die Richtige: Du bist Queen!*

Genau: Ich bin Queen. Ob er ein King ist? Keine Ahnung. Jedenfalls nicht meiner.

Ich bin danach direkt zu Louis Vuitton gegangen und hab mir einen orangefarbenen Pulli gekauft. Wenn Frauen sagen, sie gehen nur shoppen, wenn sie frustriert sind, dann bin ich eine absolute Ausnahme. Ich geh immer shoppen! Ob mit schlechter Laune oder mit guter, ob mit kleinen Eiern oder mit großen. Und an diesem Tag hatte ich SEHR gute Laune.

Nochmal für dich:

Wenn du mit dir selbst im Reinen bist und dich in deiner Haut wohlfühlst, bist du unwiderstehlich.

Deine Ausstrahlung ist der Hammer.

Niemand kann dir etwas abschlagen.

Jetzt bist du dem Erfolg schon sehr, sehr nahe.

KAPITEL 16

KÖNIGSKLASSE

Woran erkennst du, dass du erfolgreich bist?

1. Die Ratten kommen aus ihren Löchern und melden sich bei dir.

2. Du kriegst viel mehr Hasskommentare ab als früher.

3. Dein WhatsApp ist so voll mit Nachrichten wie früher dein Briefkasten mit Rechnungen.

4. Die Leute sagen zu dir: *Du hast dich so verändert.* Dabei hast du dich nicht verändert. Nur dein Kontostand hat sich verändert.

5. Du musst dir ständig anhören, dass du eine billige Kopie von irgendwem bist.

Okay, reden wir doch mal über Kopien.

Ich kopiere nicht. NIEMALS! Ich lasse mich inspirieren von großen Künstlern. Manche, die mich beeinflusst haben, kennen eure Eltern noch gut. Andere stammen aus der Zeit eurer Großeltern. Es verletzt mich, wenn Leute behaupten, ich würde kopieren.

Was die Hater nicht kapieren: Inspiration ist ein wichtiger Schlüssel, um erfolgreich zu sein. Du kannst keinen einzigen Cent in der Tasche haben, aber wenn du gesund bist und kreativ, bist du ein Millionär. Ein mehrfacher! (Vielleicht noch nicht in finanzieller Hinsicht – aber in geistiger!) Weil es ja nur noch auf deinen Ehrgeiz und deine Disziplin ankommt.

Ein bisschen Glück gehört natürlich auch dazu. Man muss zur richtigen Zeit am richtigen Ort sein. Wenn das alles bei dir zutrifft, wirst du erfolgreich werden. Und die Quelle deines Erfolgs wird nie versiegen.

Ein Rapper, der über seine Rolex rappt oder über das Geld auf seinem Konto, der inspiriert mich nicht. Rolex und Geld habe ich selbst. Ich war selbst in einer Girl-Band und habe Millionen Platten verkauft. Ich war auch schon tausendmal platinblond. Mir sind sogar die Haare ausgefallen, weil ich so oft blond war!

Madonna war für mich immer eine absolute Ikone. Modisch und musikalisch. Obwohl sie nicht die geilste Stimme hat – aber sie war eine verdammte Hitmaschine. Und diese Mischung aus Fashion und Musik, das hatte sie einfach drauf. Sie war ein echtes *Role Model* für mich. Genauso wie Janet Jackson. Und Nina Hagen fällt mir noch ein, die war eine Inspiration. Immer rebellisch.

Aber mich haben eben auch Malcolm X, Martin Luther King und Rosa Parks inspiriert.

Wenn du ein kreativer Mensch bist, inspiriert dich alles. Alte Menschen inspirieren mich. Kleine Kinder inspirieren mich. Tiere inspirieren mich. Musik inspiriert mich, Lyrics, Bilder, Kunst.

Warum sollte ich jemanden kopieren wollen? Das würde mein Ego gar nicht zulassen!

Ja, ich habe das Rad nicht neu erfunden. Aber ich habe was Eigenes aus den vielen Inspirationen gemacht. Das ist der Unterschied!

Habt ihr euch das Titelfoto dieses Buchs angesehen? Um mich auf das Shooting vorzubereiten, habe ich mich ein bisschen umgesehen und bin mal wieder auf B.I.G. gestoßen. Einer der größten Rapper aller Zeiten! Ich habe mir alte Aufnahmen angeschaut und gedacht: *Wie jung er eigentlich gestorben ist, mit 24. Aber er sah schon so alt aus.* Sie sahen alle alt aus, auch Tupac. Und wie poetisch sie waren! Die haben die Wahrheit gekannt und ausgesprochen.

Ich habe The Notorious B.I.G. trotzdem nicht kopiert. Aber ich habe mich von seiner stolzen Ausstrahlung inspirieren lassen.

Übrigens: Frauen in Anzügen gibt's seit fast 100 Jahren! Coco Chanel hat den Look mit weiten Hosen für Frauen schon vor dem Ersten Weltkrieg kreiert! Alle haben ihr abgeraten. Aber das sah so *fucking* gut aus!

Marlene Dietrich hat den Hosenanzug in den 30er-Jahren dann richtig berühmt gemacht! Und ab da hat der Anzug Modegeschichte geschrieben.

Da sind wir wieder beim Thema, unterschätzt zu werden: Vielleicht wird nicht nur Marlene Dietrich kopiert, vielleicht werde ich ja auch schon wieder kopiert. Habt ihr darüber schon mal nachgedacht?

An meinen Style kommt so schnell keiner ran – weil ich aus den 90ern komme. Für uns war es selbstverständlich, dass wir Adidas, Champion oder Eastpak tragen. Was nicht selbstverständlich für uns war: zu Prada zu gehen. Das konnten wir uns gar nicht leisten. Jetzt habe ich mehr Geld und kombiniere Street mit Dior oder Chanel. Und ich feier es richtig hart.

Wenn du selbst ein Original bist, kannst du jederzeit sagen, wer dich inspiriert hat. Ein Original verheimlicht seine Inspirationen nicht. Für mein Video zu dem Song *Fuckboy* habe ich mich von Aaliyah inspirieren lassen. Eine krasse Künstlerin mit viel Geschichte, die auch viel zu jung gestorben ist. Hört euch mal ihre Interviews an! Sie spricht wie eine weise alte Frau. Es gibt eine tolle Szene in dem Video zu *We need a Resolution*. Da schwebt sie über dem Boden. Das wollte ich nachstellen. Ich wollte auch schweben. Als Verbeugung vor Aaliyah!

Darum geht es doch: Lass dich inspirieren von den Größten! Von der Königsklasse. Um vielleicht selbst Königsklasse zu werden.

Jeder Bauer kann Geld machen und sich Likes und Liebe kaufen. Aber Königsklasse, das schaffen nur die wenigsten. Auf diese Menschen hört man. Sie ahmt man nach. Was sie sagen, hat Hand und Fuß! Ein König muss keine Krone voller Diamanten tragen.

Dein Herz ist deine Krone. Krön dich selbst!

KAPITEL 17

MACH GELD!

Ich konnte noch nie mit Befehlen umgehen. Noch nie in meinem Leben! Ich konnte mit Ratschlägen umgehen, ich konnte mit Kompromissen umgehen, ich konnte mit Vorschlägen umgehen, die mich weiterbringen. Aber mit Befehlen? Ob das mein Vater war oder mein Bruder oder ein Lehrer, der früher zu mir gesagt hat: *Du darfst das nicht machen.* Ich habe immer gefragt: *Warum?* Die Antwort war: *Weil ich es dir sage.* – Damit konnte ich nichts anfangen.

Ich hatte deswegen manchmal echt harte Zeiten. Ich habe mich gefühlt, als wäre mein Leben vorbei, bevor es überhaupt richtig angefangen hat. Ich dachte, ich werde es niemals schaffen. Ich komm hier nicht raus.

Aber ich habe mir oft vorgestellt, dass ich so viel Geld machen werde, dass jeder vor mir Respekt haben wird.

Mir schreiben manchmal Frauen, die in Zwangsehen stecken, die von ihren Familien gegen ihren Willen verheiratet wurden und die jetzt vom Geld dieses Mannes abhängig sind. Deshalb rate ich euch wirklich allen: Mach Schule, lern was! Damit du weißt, was du kannst, und damit du einen guten Job findest.

Mach Geld!

Und ich rede hier nicht von dem Geld, mit dem du dir eine Botox-Spritze leisten kannst. Ich rede von dem Geld auf deinem Konto, das dich frei macht. Nicht glücklich, aber unabhängig! Das habe ich schon sehr früh in meinem Leben gemerkt. Mir war klar, dass ich unabhängig sein will – aber das kann ich nur sein, wenn ich erfolgreich bin mit dem, was ich tue.

Cher hat mal in einem berühmten Interview von einem Gespräch mit ihrer Mutter erzählt. Die Mutter hat zu ihr gesagt: *Liebling, du solltest irgendwann zur Ruhe kommen und einen reichen Mann heiraten.*

Was hat Cher darauf geantwortet?

Den legendären Satz: *Mama, ich BIN ein reicher Mann.*

Oh mein Gott, sie hat so recht! Du solltest nie einen Mann brauchen, um versorgt zu sein.

Ich habe fünf verschiedene Jobs angenommen, hab Jeans verkauft, gekellnert, geputzt, was auch immer. Ich habe jeden Monat mein eigenes Geld verdient – aber ich war auch immer todmüde. Ich habe schnell gemerkt, dass das auf Dauer nicht das Richtige ist. Es hat mich nicht befriedigt.

Also habe ich mir gesagt, ich muss jetzt meinen Traum durchziehen. Egal, was passiert. Ich wusste nicht, dass ich Sängerin oder Comedian werde. Ich wusste nur, ich habe ein Talent. Ich wusste, ich will Menschen unterhalten, indem ich mich selbst zum Horst mache. Ich möchte Menschen zum Lachen bringen und zum Nachdenken und ihnen ein gutes Gefühl geben. Ob es jetzt auf einer Comedy-Bühne ist oder bei Instagram oder auf YouTube – das wusste ich alles nicht. Das hat sich irgendwann so entwickelt.

Wenn ihr mich jetzt fragt: *Woher weiß ich, welche Steps ich gehen soll, um finanziell unabhängig zu werden?* Ich kann euch das natürlich nicht für jeden Beruf und jede Branche sagen. Da fragst du besser deine Eltern oder andere ältere Menschen, die sich in dem speziellen Business auskennen und dir einen Rat geben können.

Ich kann nur versuchen, es bildlich zu machen, wie der Weg zur finanziellen Unabhängigkeit aussieht. Ihr könnt euch das so vorstellen:

Wir reden jetzt nicht mehr von 100-Euro-Jeans. Sondern von großen, sehr großen Wünschen, die du hast. Scheinbar unerreichbaren Wünschen. Du siehst zum Beispiel eine wunderschöne Tasche für 2.500 Euro. Du denkst: *Boah, die ist so schön, aber der Preis ist echt 'ne Wucht!* Du hast das Geld nicht. Und selbst wenn du es hättest, müsstest du davon eigentlich andere Dinge bezahlen. Trotzdem fokussierst du dich im Geist voll und ganz auf die Tasche, keine andere interessiert dich. Du willst keine Fake-Tasche, keine von ähnlicher Qualität, die aber ein bisschen billiger ist.

Du willst nur DIESE eine haben.

Was machst du? Du arbeitest. So hart, so lange. Bis du langsam das Geld zusammenbekommst. Es dauert

Monate. Drei Jobs auf einmal. Aber dann hast du es geschafft, du hast die Summe. 2.500 Euro, selbst verdient, in deiner Hand.

Jetzt stehst du im Laden vor der Tasche – und ich sage dir: Du wirst sie dir NICHT kaufen! Weil du nämlich plötzlich 2.500 Euro hast, mit denen du was viel Besseres machen kannst. Du merkst: Wenn ich das geschafft habe, schaffe ich noch mehr. Du arbeitest weiter, kriegst vielleicht eine Gehaltserhöhung, steigst in der Firma auf, bekommst ein besseres Jobangebot oder gründest gleich was Eigenes.

Die Zeit vergeht. Aus 2.500 werden vielleicht 4.000, 6.000, 9.000 Euro. Und irgendwann 15.000. Von der Tasche siehst du in deinem Geist nur noch die Umrisse.

Aber du magst Taschen immer noch sehr. Nur denkst du auf einmal weiter, bist viel selbstbewusster: *Warte mal kurz, ich habe doch einen guten Style. Warum entwerfe ich nicht selbst eine Tasche?* Du kannst dir eine nähen lassen, du kannst das finanzieren, kein Problem. Und plötzlich merkst du: *WOW, diese Tasche gehört wirklich mir. Das ist MEINE Tasche!* Und die ist viel wertvoller als jede Designertasche.

Du stellst Fotos von deiner Tasche ins Netz, kriegst auf einmal Zuspruch. Plötzlich kommt dir die Idee, eine ganze Kollektion zu machen. Du nimmst einen Teil von deinem Kapital und produzierst eine kleine Serie. Du gehst keine Kompromisse ein, du machst es genau so, wie du es dir im Kopf immer vorgestellt hast. Viele Menschen fahren voll drauf ab. Du setzt einen Trend, die Leute rennen auf der Straße auf einmal mit deinen Taschen rum!

Es dauert nicht lang, da kommt eine große Marke auf dich zu und will deine Firma kaufen. Aber du verkaufst nicht. Du suchst nur Partner. Denn du willst weiter wachsen. Nach einer gewissen Zeit – und du merkst gar nicht, wie schnell diese Zeit verflogen ist – bist du erfolgreich. Vielleicht noch keine Millionärin, aber gut im Geschäft.

Wie hast du das geschafft? Indem du die richtigen Entscheidungen getroffen hast. Du hast immer weitergemacht. Du bist nicht auf halbem Weg stehen geblieben!

Jahre später triffst du eine Freundin wieder, die du lange nicht gesehen hast. Sie fragt dich: *Hast du gehört, sie und er und der und die …?*

Du antwortest ihr: *Ganz ehrlich, ich hab gar nichts von dem ganzen Gossip mitbekommen.*

Du warst nämlich mit etwas Wichtigerem beschäftigt: deinem eigenen Leben.

Wenn du dein Bestes gibst, kriegst du das Beste. Und wenn du es nicht jetzt sofort bekommst, dann später. Da wartet ein riesiges Paket auf dich. Das garantiere ich dir!

Ich bin ein gutes Beispiel: Ich habe immer mein Bestes gegeben. Auch als ich noch keine großen Bühnen hatte und kein Millionenpublikum. Es gab sogar Zeiten, wo mir mein Bestes nicht gereicht hat. Aber pass auf: Wenn du verbissen wirst, ist das nicht mehr gesund.

Mein Perfektionismus hat mit den Jahren nachgelassen. Ich sage mir selbst: *Ich gebe mein Bestes, aber mehr geht nicht.* Nur du selbst weißt, wie viel Luft nach oben noch ist. Niemand anders kann dir das sagen.

Die Geschichte könnte hier zu Ende sein. Happy End.

Aber Erfolg bringt leider viel Negatives mit sich. Missgunst. Gier. Hass. Vielleicht hinterlässt der Erfolg auch bei dir Spuren. Vielleicht verändert sich dein Charakter. Geld kann einen guten Menschen zu einem schlechten machen. Beobachte dich! Sei selbstkritisch!

Wenn du weiter fokussiert bleibst und nie vergisst, wo du herkommst und wie weit dein Weg war – dann bist du bereit für den Erfolg! Dann wirst du dich immer erinnern, wie du vor dieser Tasche standest und davon geträumt hast, sie dir kaufen zu können. *So eine schöne Tasche!* Du hast nicht geglaubt, dass du dir die jemals leisten kannst.

Du bist stolz auf dich – aber du bist auch dankbar, dass dein Weg so positiv verlaufen ist.

Wenn du reflektiert bist, kann dich der Neid der anderen nicht so hart treffen. Man sagt ja immer: Mitleid kriegt man geschenkt, Neid muss man sich erarbeiten. Ich schwör's euch, ich nehme Neid nicht als Kompliment! Neid bleibt für mich eine Todsünde! Ich halt mich fern davon. Ich will nicht beneidet werden – ich will nur meinen Frieden.

Das ist es, worauf ich hinarbeite: Frieden und Glückseligkeit.

Ich habe euch das schon oft gesagt: Es geht nicht darum, dass ihr meinen Weg wählen sollt. Ihr sollt euren eigenen finden.

Vor allem möchte ich, dass ihr dabei selbstbewusster werdet. Selbstbewusstsein erreichst du erst dann, wenn du deine Würde einschaltest. Alles gehört zusammen, es ist wie eine Perlenkette. Selbstachtung, Würde, Selbstbewusstsein. Mentale Stärke. Unabhängigkeit. Gesundheit. Am Schluss ergibt es einen Kreis. Der Kreis muss geschlossen bleiben, die Perlen gehören zusammen. Wenn du eine Perle rausreißt, fallen alle anderen runter.

Ich möchte dich immer wieder an diese Perlenkette erinnern. Du hast einen Anspruch aufs Glücklichsein. Es ist dein Recht, so zu leben, wie du es willst, auf deine Art und Weise! Du sollst fliegen lernen. Denn wenn du fliegst, siehst du diese Welt von oben. Auf einmal ist sie ganz klein. Du wirst innerlich ruhig, du hörst auf, Angst zu haben vor dem, was noch kommen könnte.

Das habe ich gelernt. Manchmal in extremen Situationen, manchmal mit schweren *Lessons*. Mich hat das Leben einige Male hart geohrfeigt. Und ich glaub, es werden auch noch ein paar Ohrfeigen kommen. Aber der Gegenwind kann dich nur wegpusten, wenn du nicht zu dir stehst. Wenn du standhaft bleibst, kannst du dich wehren. Sogar wenn der Wind dich bis ans Ende der Welt pustet, stehst du wieder auf.

Gott sei Dank bin ich so stark, dass ich mich immer wieder aufrichten kann. Vielleicht kommt aber auch mal der Moment, in dem ich das nicht mehr schaffe. Wo ich nicht mehr weiterfliegen kann. Aber dann werde ich glücklich sein und mir sagen:

Wow, bis hierher hab ich es geschafft! So weit bin ich gekommen! Viel weiter, als ich je gedacht habe!

KAPITEL 18

DER MISSERFOLG IM ERFOLG

Eigentlich war die Arbeit an diesem Buch schon abgeschlossen. Aber dann kam es zu einer Situation, die ich so nicht vorhergesehen hatte. Und von der will ich euch unbedingt noch erzählen.

Seit Jahren toure ich mit meiner Bühnenshow. Es gab schon viele Anfragen, die Show aufzuzeichnen und sie bei Streamingdiensten oder im Internet zu zeigen. Ich musste das immer ablehnen, weil ich ja für die Show Songs gecovert habe. Dafür zahle ich natürlich. Hätte ich die Show aber online veröffentlicht, hätte ich die Rechte von den Künstlern anfragen müssen. Und ich glaube, Beyoncé hätte sie mir nicht gegeben. (Wobei ich denke, sie würde mich echt sympathisch finden, wenn wir in einem anderen Leben zusammen aufgewachsen und zur Schule gegangen wären. Aber sogar dann hätte sie vermutlich *Nein* gesagt.)

Und wenn Beyoncé mich verklagen würde – davon könnte ich mich in diesem und im nächsten Leben finanziell nicht mehr erholen. Also habe ich lange gesagt: *Fuck it, ich spiel nur live.* Bis mir langsam der Gedanke kam: Warum mach ich nicht meine eigene Musik, ich habe doch eine Bühne und ein Publikum?

Viele denken, ich hätte jahrelang Sehnsucht nach dem Singen gehabt – aber so war es nicht. Ehrlich nicht. Ich kann singen, und ich mag singen, aber es hat sich für mich nie so angefühlt, als hätte ich damit offiziell aufgehört. Es war ja nie vorbei. Ich hatte nur beschlossen, mich erst mal auf anderes zu konzentrieren.

Irgendwann kam Cem auf mich zu und hat vorgeschlagen, mir zu helfen. Cem ist einer meiner besten Freunde, und er ist auch noch der Ehemann meiner besten Freundin. Ich vertraue sehr wenigen Menschen, aber ihm vertraue ich wirklich. Wir sind ins Studio gegangen und haben angefangen, einige Songs aufzunehmen. Der Prozess ist noch nicht abgeschlossen, wir sind immer noch dabei.

Kurz vor der Tour, im Frühling 2020, wollte ich meinen ersten Song seit Monrose rausbringen. Wir hatten ihn ausgesucht, weil er zur Tour passte. Die startete zwei Wochen später und hieß *No More Fuckboys* 2.0. Der Song war auch der Opener in der Show. Das waren unsere Überlegungen.

Menschen, die mich nicht kennen, dachten vielleicht: Sie macht jetzt wieder Musik, weil sie mit der Masse gehen möchte. Weil deutschsprachige Songs gerade *in* sind.

Ich wurde sofort in Schubladen gesteckt.

Und einige haben offenbar nur darauf gewartet, dass ich scheitere.

Lange Zeit war ich vor allem in meiner beschützten Community unterwegs, in meiner eigenen Welt. Wir sind hier zusammen auf einem kleinen Planeten, auf dem es alles gibt. Sonne, Mond, Strand, Bäume. Der Planet ist viel, viel winziger als die Erde. Ich habe mir diesen Planeten aufgebaut, weil ich keinen Bock mehr auf die Erde hatte. Die Community, mit der ich hier zusammentreffe, ist genauso wie ich. Sie besitzt denselben Humor, hat dasselbe große Herz. Nicht immer sind wir derselben Meinung – aber wir sind uns einig, dass wir unterschiedlicher Meinung sein dürfen.

Meine Community hat mich oft gefragt: *Wann singst du endlich wieder?*

Das hat mir den Mut gegeben, die Tür zur Erde einen kleinen Spalt aufzumachen. Ich wollte sehen, wie meine Ideen da draußen ankommen. Ich dachte, okay, du bist ja schon ziemlich erfolgreich. Ich habe einen Bestseller geschrieben, eine Realityshow selbst produziert, ich war auf Tour, hab vor ausverkauften Hallen gespielt. Musik war das Einzige, was noch gefehlt hat, um die Sache rundzumachen.

Also warum nicht? Ich komme ja aus der Musikbranche. Ich habe meine bisherigen Erfolge vor mir gesehen und gedacht, der Song wird einschlagen. Es kann doch eigentlich gar nichts schiefgehen.

Dann kam der Song *Fuckboy* raus.

Und: BUMM!

Hat mir das Leben wieder mal eine Schelle verpasst.

Ich habe auf meinem kleinen Planeten nur den Schlüssel im Schloss umgedreht – die Tür war noch zu –, da haben mich schon Massen von Menschen da draußen angeschrien. So hat es sich jedenfalls angefühlt. Aber wenn du einmal die Tür aufschließt, musst du sie auch öffnen. Das war mir bewusst. Es gab keinen Weg zurück.

Ich habe in den Tagen nach dem Song-Release einen richtigen Shitstorm erlebt, oh mein Gott. Ich konnte die Hasskommentare gar nicht so schnell löschen, wie sie auf mich eingeprasselt sind. Irgendwann habe ich aufgegeben und gemeint: *Okay, dann beleidigt mich halt.*

Was war passiert? Was hatte ich getan?

Da waren Leute, die waren enttäuscht von mir, weil sie einen typischen Monrose-Song erwartet hatten. Aber was denkt ihr euch – dass ich die Zeit zurückdrehe? Ich werde keine Monrose-Songs mehr machen. Und stellt euch vor, ich würde jetzt sagen, ich bin wieder wie Monrose, trete aber alleine auf. Wie arrogant käme denn das bitte rüber? Monrose war erfolgreich wegen uns dreien. Das hat nur als Trio funktioniert.

Dann gab es Leute, die meinten: *Warum hört sich Sennas Stimme so komisch an? Warum braucht sie Autotune?* Wir haben das tatsächlich benutzt, aber nicht mal besonders stark. In der bösen Kritik hieß es dann, ich kann in Wirklichkeit gar nicht singen. Ich hätte schon bei Monrose eigentlich keine gute Stimme gehabt. Ich wäre nur in die Gruppe reingewählt worden, weil alle

Angst vor mir hatten. Wow, so sehen mich manche Menschen?

Dann gab es eine Gruppe, die war enttäuscht, weil sie etwas ganz anderes erwartet hatte. Etwas noch Größeres. Ich hab's nicht verstanden, *Fuckboy* ist doch groß! Ich fliege sogar in dem Video! Keinem ist das aufgefallen …

Die letzte, wahrscheinlich größte Gruppe, das waren Leute, die mich einfach schon immer scheiße fanden. Die haben sich den Song gar nicht angehört. Sie haben vorher schon beschlossen, dass von mir nichts Gutes kommen kann. Der Song war noch nicht draußen, da gab's schon Dutzende Dislikes.

Erst hatte ich den Shitstorm auf meinen eigenen Kanälen. Dann kam der Medien-Shitstorm dazu. Und dann sind noch andere auf den Zug aufgesprungen. Einzelne Personen, die auf Social Media große Reichweiten haben, haben mich persönlich erniedrigt. Das war echt ekelig.

Ich habe mir all diese Kommentare durchgelesen, und ja, ES HAT MICH ZERSTÖRT. Ich bin ehrlich zu euch. Natürlich hat es mich verletzt. Ich kann von Glück sprechen, dass ein paar Tage danach meine Tour angefangen hat. Das war meine Rettung! Weil ich wieder auf meinem Planeten war. Und von meiner Community so viel Liebe empfangen habe!

Es gab auch Leute, die waren positiver. Sie meinten: *Senna wäre nicht Senna, wenn sie nicht noch ein paar Überraschungen auf Lager hätte.* Aber der Großteil der Menschen hatte sich seine Meinung über den Song gebildet. Sie fanden ihn schlecht. Ich hab's überhaupt nicht verstanden. Dieser Song ist so ehrlich. *Drei Handys und eine zweite Wohnung.* Das hat mein Fuckboy wirklich gemacht. *Für dich und deine Lügen und deine Huren.* Genau das habe ich erlebt.

Egal. Ich habe versucht, gegenzusteuern. Ich habe gesagt: *Es ist mein Song, ich schäme mich nicht für ihn.*

Wisst ihr, wie ich die Kraft gefunden habe? Durch EINEN großen Fan.

Celia – die Tochter von Clumsy und Cem. Sie liebt den Song! Und sie war der Grund, warum ich weiterhin dazu stehen konnte. Ihr werdet es nicht glauben, aber eine Zweijährige hat mir Mut zugesprochen. Celia ist ein Kleinkind, sie handelt aus purer Wahrheit heraus. Sie ist absolut unbestechlich. Sie kriegt ja kein Geld oder Schokolade oder Likes auf Social Media für ihre Meinung. Sie findet den Song einfach gut. Und sie feiert sich selbst in diesem Video so hart!

Ich war in diesen Tagen wirklich down, ich war kaputt. Aber dann kam Celia und hat mir dieses warme Gefühl gegeben. Mir fiel wieder ein, was ich euch immer predige: *Wenn die ganze Welt gegen dich ist, du aber weiter bei dir bleibst – dann wirst du erfolgreich sein.* Ich musste mich selbst daran erinnern.

Dann habe ich mir wieder Celia angeguckt. Wie die Meinungen der Welt ihr scheißegal sind. Sie feiert ihre Tata, weil sie ihre Tata ist, und sie feiert den Song. Und dann wurde mir klar: *Fickt euch doch alle!* Vielleicht war der Zeitpunkt der Veröffentlichung nicht ideal, vielleicht hätte ich mit einem anderen Song zuerst rauskommen sollen. Aber es bleibt meine Stimme, mein Projekt, mein Baby.

Ich fing an, die Tour zu spielen, und der Song blieb natürlich unser Opener. Langsam wuchs der Zuspruch. Mehr und mehr Leute haben *Fuckboy* gefeiert. Er ist sozusagen ein Spätzünder. Weil es eine Verbindung brauchte – und das waren die Tour und die Comedy.

Wenn du erfolgreich bist, musst du damit rechnen, dass dein Selbstbewusstsein immer wieder auf harte Proben gestellt wird. Denn mit dem Erfolg kommt die hässliche Seite der Welt zum Vorschein.

Es wird viele Menschen geben, die dir einreden wollen, dass du das alles nicht verdient hast.

Dass es nur ein Zufall ist.

Dass du dich hochgefickt hast.

Dass die Leute, die dir folgen, nur Mitleid mit dir haben.

Du wirst nicht mehr geliebt. Du wirst eher gehasst. Denn schwache Menschen fühlen sich jetzt von dir angegriffen – ohne dass du ihnen etwas getan hast. Dein Glück, deine positive Energie, dein Lebensstil – alles provoziert sie.

Warum? Weil sie damit hadern, dass ihr Leben nicht so verlaufen ist. Sie wären gern in deiner Position, haben aber weder das Talent noch die Kraft, noch die Intelligenz, noch das Durchhaltevermögen. Deswegen reden sie sich ein, dass dir der Erfolg nur zufällig geschenkt wurde. Und dass du trotzdem scheiße bist. Egal, was du tust.

Am Anfang des Buchs habe ich euch gesagt: Wenn du Erfolg haben willst, sei dir bewusst, dass es ein langer Weg wird. Mal machst du kleine Schritte vorwärts, mal größere. Manchmal wirst du schneller belohnt, manchmal dauert es sehr lange.

Aber wenn du es geschafft hast, kannst du dich auch nicht zurücklehnen. Die echte Arbeit fängt jetzt erst an. Denn du musst das, was du erreicht hast, halten und beschützen. Und du musst vor allem dich selbst beschützen.

Ich wäre mit *Fuckboy* beinahe gekippt worden. Auch weil ich plötzlich an mir gezweifelt habe. Ich dachte: *Wie kann es sein, dass ich einen ganz anderen Blick auf den Song habe? Wie kann es sein, dass so viele ihn schlechtreden?*

Leute, ich hatte innerhalb weniger Wochen über 70.000 Dislikes bei YouTube! Bei rund 1,2 Millionen Streams. (Wobei die ja alle von Celia waren.) Das musst du erst mal schaffen. Mein Gott, wie muss ich manche von denen fertiggemacht haben, dass die nur auf den Moment gewartet haben, um endlich den Daumen runter zu drücken und ihre Verachtung in die Kommentarspalten zu kippen?

Aber es sei ihnen gegönnt. Denn aus jedem einzelnen Dislike wird eine neue Idee von mir. Jetzt bin ich auch so weit, dass ich selbstbewusst sage: *Alles klar, ihr Arschlöcher, dann mache ich ein ganzes Album.*

Und es wird auch eine Piano-Version von *Fuckboy*

geben! Und eine House-Version. Und eine Metal-Version. Und eine Rock-Version … Ist mir scheißegal!

Ich rate euch: Wenn ihr etwas erfindet oder erschafft, dann macht es so gut, dass die Welt dagegen sein kann – und es kann euch langfristig nichts anhaben. Ihr könnt euch trotzdem hinstellen und sagen: *Es ist gut so, wie es ist. Ich wollte es GENAU so haben.*

Ich habe mich für den Song *Fuckboy* nicht gerechtfertigt, nicht entschuldigt, nicht kleingemacht.

Die Geschichte ging ja noch weiter. Ich war auf Tour, das war kurz vor Beginn der Coronakrise. Mir war klar: Wenn ich als Nächstes mit einer Ballade rauskomme, zieht das die Menschen runter. Also habe ich spontan meinen Plan geändert. Ich habe *Anders real* vorgezogen. Das ist der Song für den Lieblingsmenschen, ein *Danke, dass es dich gibt.* Eine Liebeserklärung an denjenigen, der immer für dich da war.

Den Videodreh haben wir innerhalb weniger Stunden in Berlin hinter der Bühne gemacht, kurz vor meinem Auftritt. Ich habe das komplett aus dem Instinkt heraus entschieden. Alle meinten: *Du bist doch bekloppt.*

Wenn du erfolgreich bist und viele Sachen parallel stemmst, musst du manchmal auch Kontrolle abgeben. Aber denk dran: Du bleibst der Boss. Die wichtigsten Entscheidungen triffst du, niemand kann dir das abnehmen.

Ich will die Leute ja überzeugen, dass ich eine gute Musikerin bin. Wenn nur ich alleine meine Musik mag, bleibe ich allein – und verdien damit natürlich kein

Geld. Wenn du anfängst, dann ist diese innere Haltung wichtig: Hauptsache, DU feierst, was du tust. Aber beim zweiten, dritten oder vierten Schritt willst du auch andere mitziehen.

Nach dem *Fuckboy*-Shitstorm habe ich auf mein Gefühl vertraut. Ich habe entschieden, mich nicht zu verkriechen – sondern mutig zurückzukehren und zu sagen: *Es ist mir egal, was ihr alle sagt.* Wir werden den zweiten Song rausbringen. Und zwar jetzt. Sofort. Auch wenn der Plan ursprünglich anders aussah.

Was soll ich euch sagen: *Anders real* schlug ein wie eine Bombe.

Bin ich mit *Fuckboy* gescheitert? Ich seh das im Nachhinein nicht so. Der Misserfolg muss ja nicht gezwungenermaßen ein Misserfolg bleiben. Vielleicht hast du eine falsche Entscheidung getroffen. Aber das kannst du wieder umbiegen. Auch das gehört dazu, wenn man langjährigen Erfolg haben will. Es kommt nicht darauf an, wie oft du fällst, sondern wie kraftvoll du wieder aufstehst.

Ich sehe einen Misserfolg nicht als Ende oder Untergang.

Ich sehe zwei Worte: Miss (Gammour) und Erfolg. Aus Misserfolg hab ich *Miss Erfolg* gemacht.

Mach Misserfolg zu Miss Erfolg.

BY MISSGAMMOUR

KAPITEL 19

IN DEIN GESICHT!

Gute Comedy besteht darin, dass man zuallererst über sich selber lacht. Nicht jeder deutsche Comedian kann das. Manche profilieren sich nur über andere. Weil sie selbst talentlos sind. Das Einzige, was sie können: anderen Menschen auf den Kopf schlagen. Wann haben diese Typen sich jemals über sich selbst lustig gemacht? Noch nie!

Ich mache mich auf der Bühne drei Stunden lang über mich selbst lustig. Ich mache mich zum Horst, damit ihr was zu lachen habt.

Ja, es stimmt, ich habe früher auch Leute auf Social Media angegriffen. Ich gebe das offen zu. Das ist nur passiert, wenn ich wütend geworden bin. Ich habe emotional reagiert, aus dem Affekt heraus. Weil ich angegriffen wurde oder weil meine Freunde bedroht wurden. Im Stillen habe ich mich anschließend übrigens mit vielen wieder vertragen.

Ich steh dazu, das ist meine Vergangenheit. Ich kann die Zeit nicht zurückdrehen. Aber ich kann über meine

Handlungen nachdenken. Und das ist der Unterschied zwischen mir und manchem anderen: Ich bin menschlich gewachsen in den letzten Jahren.

Wenn es heute hart auf hart kommt, würde ich lieber einen Anwalt einschalten. Trotzdem werde ich der Welt immer meine Version der Geschichte erzählen. Davon hält mich niemand ab.

Mach dich darauf gefasst: Je erfolgreicher du wirst, desto mehr bohren Leute in deiner Vergangenheit. Aber wenn du *d'accord* bist mit deiner Vergangenheit – wenn du deine Fehler offen zugibst, wenn du dich mit diesen ganzen unangenehmen Themen beschäftigt hast –, dann kann dir keiner etwas anhaben. Du weißt ja selbst, was du falsch gemacht hast.

Ich versuche immer, einen Fehler nicht zu wiederholen. Ganz abstellen kann ich meine Emotionen nicht. Und ich lass mir nicht auf den Kopf kacken.

Wenn dich jemand provoziert, wäre der gesunde, einfache Weg natürlich, es zu ignorieren. Aber manchmal musst du den anstrengenden Weg wählen. Du darfst dir nicht alles gefallen lassen.

Und manche Leute piksen dich aus reiner Langeweile. Sie fangen Beef an – nicht, weil du sie mit irgendwas gekränkt hast, sondern nur, weil sie selbst frustriert und unzufrieden sind. Oder geil nach Fame und Aufmerksamkeit.

Ich will niemals im selben Boot sitzen wie solche Leute. Denn deren Boot wird sinken!

Ein Mensch, der unsicher ist – dem kann man helfen.

Aber jemand, der seinen Selbsthass in Hass auf andere umwandelt, für den gibt es keine Medizin. Dabei kommt nichts Gutes raus, für niemanden.

Mir wird auch oft vorgeworfen, dass ich Hass verbreite. Moment mal! Wann habe ich jemals einen wildfremden Menschen angepöbelt? Denkt ihr, ich reg mich auf, weil am Nachbartisch jemand Orangensaft trinkt, während ich der Meinung bin, er sollte Cola trinken?

Ich habe immer nur dann geschrien, wenn man MICH zuerst angebrüllt hat. Ich baller nur zurück! Aber ich bin noch nie auf die Idee gekommen, Menschen, die ich nicht kenne, anhand ihrer Fotos oder Storys zu beurteilen. Mich in ihr Leben einzumischen. Ganz im Ernst: Wo leben wir denn? Die Zeit habe ich gar nicht!

Ja, es stimmt, ich kann ziemlich austeilen. Das ist ja auch eine Gabe. Ich habe einen großen Wortschatz und bin schlagfertig. Damit unterhalte ich die Leute. Das Problem ist: Die Menschen verstehen manchmal meine harten Reaktionen nicht, weil sie nicht das ganze Bild sehen – sondern nur einen Ausschnitt. Sie denken sich: *Hä, Senna redet von Würde und Selbstbewusstsein, dabei macht sie andere fertig.* Dazu gibt es immer eine längere Geschichte. Nur kennt die Öffentlichkeit sie oft nicht.

Trotzdem habe auch ich manchmal die falschen Mittel gewählt. Meine Absichten waren vielleicht gut, aber war der Weg der richtige? NEIN! Ich hätte anders reagieren sollen. Ich hätte klügere Entscheidungen treffen müssen. Nicht nur, weil mich diese Kriege viel Energie gekostet haben. Dass ich das reflektiert habe, hat mich nicht schwach gemacht, sondern stärker und klüger.

Um gesunden Erfolg zu erlangen und den auch langfristig zu halten, musst du dir selbst den Spiegel vorhalten. Wenn du mit deiner Vergangenheit Frieden schließt, deine Fehler annimmst, dich entschuldigst – dann rettest du dich selbst. Ich verspreche dir: Egal, was von nun an passiert, du wirst ein gutes Leben führen.

Es ist hart, sich zu bessern. Ich kämpfe jeden Tag damit. Und ich würde nicht behaupten, dass ich schon ein durch und durch guter Mensch bin.

Aber ich möchte einer sein.

Leider finden es viele da draußen viel geiler, wenn du dich beefst. Manchmal verführen sie dich auch. Das ist wie bei einem Alkoholiker, den seine Freunde ständig auf Partys einladen. Er wird es nicht schaffen, trocken zu bleiben. So ähnlich ist es auch bei mir. Mir werden dauernd Sachen geschickt, über die ich mich aufregen soll. *Guck mal hier, Senna!* Aber Hass auf Hass ergibt mehr Hass.

Und das bin ich nicht, Mann! Ich will kein Spieler mehr in diesem Spiel sein!

Denn ein Spiel mit solchen Regeln kannst du nicht gewinnen – nicht, wenn du ein Herz hast. Selbst wenn ich dachte, die Streitereien waren gerechtfertigt, habe ich schlecht geschlafen. Mein Körper und meine Seele haben sich nicht wohlgefühlt.

Ich will kein Opfer sein.

Ich will kein Täter sein.

Ich will jemand sein, der die Leute auffängt.

Der einen Weg findet, der gesund ist. Gesund für mich, gesund für meine Umwelt, gesund für die Gesellschaft.

Wenn ich mir anhöre, was über mich gesagt wird, denke ich manchmal: *Wow, die Welt scheint sich einig zu sein, dass ich der dümmste, hässlichste und untalentierteste Z-Promi Deutschlands bin.* (Aber wenn du *Senna* bei Google eingibst, kommt: *Senna Gammour.* Bevor irgendein anderer Name vorgeschlagen wird. Das muss man erst mal schaffen!)

Ich weiß, ich bin nicht diese ekelhafte Person, zu der viele mich machen wollen.

Ich bin die Tochter meiner Mutter.

Ich bin die Frau, die eine *Message* hat. Die es gut meint.

Die durch ihre Kunst Geld verdient. Und dieses Geld wieder für Gutes einsetzt.

Ich bin eine Frau, die es verdient hat, da zu sein, wo sie heute ist.

Menschen, die voller Hass sind, haben jahrelang versucht, mich aufzuhalten. Aber sie haben es nie geschafft. Warum sollten sie es heute schaffen? Sie waren doch schon immer da, sie haben meine gesamte Karriere begleitet. Sie haben immer laut geschrien: *Du kannst es nicht!*

Ich bin schon als Schlampe, als Kanakenbraut, als Hure, als Egoistin, als Mannsweib beschimpft worden.

Sogar als Rassistin, das ist neu dazugekommen. Alle bösen Sachen, die es gibt, wurden mir an den Kopf geworfen: Morddrohungen, Vergewaltigungsfantasien. Andere hätten sich längst erhängt, wenn sie so beschimpft worden wären.

Dabei habe ich mehr für dieses Land getan, als diese Hater sich je erträumen können.

Also hört auf, mich als asozial zu beschimpfen oder mir zu sagen, dass ich mich aus Deutschland verpissen und in mein eigenes Land zurückgehen soll! Sagt mir nicht, dass ich dumm und hässlich bin. Sagt das alles nicht zu mir!

Sagt das zu euch selbst.

Und hört auf, euch über unsere Sprache lustig zu machen. Diese ganze Erkan-und-Stefan-Nummer war schon vor zwanzig Jahren nicht lustig. Wir reden nicht so! Habt ihr alle zu viel *Fack ju Göhte* geguckt? Wir haben es nicht verdient, von euch ständig in Schubladen gesteckt zu werden!

Wir sind mit Müttern aufgewachsen, die hatten drei Putzjobs und fünf Kinder. Mit 15 hatten wir die Schlüssel für die Büros, die unsere Mütter sauber gemacht haben. Und wenn sie zu schwach waren, sind wir mit unseren Schwestern dort putzen gegangen. Haben die Toiletten geschrubbt. Aber wir haben das Geld nicht eingesteckt – sondern es zu Hause abgegeben.

Ja, unsere Eltern waren Gastarbeiter. Sie haben dieses Land mit aufgebaut. Und dafür verlange ich Respekt!

Leider ist es einfach so: Je mehr Erfolg du hast, umso

mehr Hass wird es geben. Du kannst ihn nicht abschalten.

Wenn Leute mich fragen: *Wieso konzentrierst du dich so sehr darauf? Wieso schenkst du den Hatern so viel Beachtung?* Denen antworte ich: *Weil das mein Ansporn ist!* Ich nutze den Gegenwind. Die Hater sind mein Laufband. Je lauter sie brüllen, desto höher dreh ich die Einstellung. Ich schwör's euch! Es ist ganz einfach:

Je mehr du mich beleidigst, desto mehr steh ich zu mir.

Je mehr du auf mich einprügelst, desto entschlossener richte ich mich wieder auf.

Je aggressiver du deine Scheiße über mir auskippst, umso mehr poste ich meine Inhalte.

Kapier es endlich: ICH ZIEHE MICH NICHT ZURÜCK.

Weil ich eine Community habe, die mich braucht. Sie besteht aus Frauen unterschiedlichen Alters, unterschiedlicher Herkunft, unterschiedlichen Glaubens. Es sind starke Frauen, warmherzige Frauen. Eine unglaubliche Community! Die beschütze ich und packe sie in mein Herz. Ich lasse es nicht zu, dass unser kleiner Planet kaputtgeht.

Ihr nehmt uns das nicht weg!

Man sollte nicht auf die Hater achten? Doch! Achte auf sie! Wenn du gesund und stabil in dir bist. Wenn du ausreichend Selbstbewusstsein erreicht hast. Dann kannst du sie richtig ärgern. Dreh das Schlechte zu deinen Gunsten.

Das heißt nicht, dass du nicht auch mal niedergeschlagen sein darfst. Du darfst dich kurz ausruhen, deine Wunden lecken, nachdenken. Aber dann stehst du wieder auf und feuerst zurück.

Wisst ihr, was ich bei meiner letzten Tour auf der Bühne gesagt habe? *Mädels, Schwestern, Mütter, Tanten, Omas, Cousinen, Freundinnen: Ihr müsst nicht aufstehen und euer Krönchen richten. Ihr braucht keine Krone. Die Krone braucht euch!* Das war mein Schlusswort. Und dann habe ich *All by myself* von Celine Dion gesungen. Musikalisch ein sehr schwerer Song. Ich habe ihn mit Leichtigkeit gesungen.

Weil ich es kann.

Weil es mir Spaß macht.

Und – weil ich die Mäuler stopfen wollte.

Und für euch, liebe Hater,
habe ich genau vier Worte:

Friss
deinen
Kopf
auf!

(Das war nämlich erst
mein Anfang.)

BY MISSGAMMOUR

SCHLUSSWORT

NUTZE DEINE ZEIT

Wann habe ich wirklich gelernt, die Zeit zu schätzen? Als meine Mutter krank geworden ist. Da habe ich gemerkt: Jede Minute zählt. Alles ist vergänglich. Jeder Streit mit einem Fake Friend oder einem Hater war auf einmal uninteressant. Jedes Geldproblem war egal. Jeder Fame Nebensache.

Es zählte nur die Zeit mit meiner Mutter. Jedes Wort, das sie gesagt hat, habe ich aufgesogen: *Mama, wie geht's dir?* Mein Herz war erleichtert, wenn sie *gut* gesagt hat. Wenn sie Geschichten von früher erzählt hat, habe ich gesagt: *Rede weiter, Mama!* Ich wollte diese Geschichten alle noch mal hören. Ich wusste ja nicht, wie viele Gespräche wir noch haben würden.

Damals habe ich gemerkt, dass die Zeit nicht mein Feind ist. Die Zeit ist wichtig – du musst sie nur nutzen. Und ich habe gelernt: Warte nicht. Schieb nichts auf. Ich habe danach nie wieder auf irgendwas gewartet. Wenn jemand zu spät kommt, empfinde ich das als respektlos mir und meiner Zeit gegenüber. Jeder Tag ist wichtig, jede Stunde, jeder Atemzug, jeder Gedanke, jede Bewegung. Lass mich nicht warten!

Ich habe meinen Vater mit 14 Jahren verloren. Unser letztes Gespräch war nicht gut. Ich habe es nicht geschätzt, ich habe die Zeit nicht genutzt. Ich habe mit ihm telefoniert, aber eigentlich wollte ich unbedingt meine Serie gucken, *Beverly Hills 90210*. Er lag schon im Krankenhaus. Ich habe nicht verstanden, wie ernst es war; ich dachte, er wird wieder gesund.

Wisst ihr, wie sehr ich das bereue? Das begleitet mich bis heute. Aber es war auf eine Art auch gut, dass mir das als Jugendliche widerfahren ist. Als meine Mutter krank wurde, hatte ich meine Lektion gelernt – und hab jede Minute genutzt.

Ich wünsche gerade meinen jüngeren Leserinnen, die bisher vielleicht ganz gemütlich durchs Leben gelaufen sind und deren Zeit einfach nur ticktack, ticktack gemacht hat – denen wünsche ich diese Erkenntnis. Dass Zeit IMMER kostbar ist. Dass du dir genau aussuchen solltest, mit wem oder womit du dein Leben verbringst.

Und wenn es eines Tages vorbei ist, solltet ihr zurückschauen können und sagen: *Ich hatte eine verdammt geile Zeit. Und ich hab meine Jahre gut genutzt.*

Ja, die Welt ist kompliziert, und das Leben ist nicht einfach. Alles hängt an seidenen Fäden, die jederzeit reißen können. Gerade deshalb sollten wir nicht einen Tag verschwenden. Jeder deiner Tage sollte sinnvoll gefüllt sein. Auf seine Art und Weise. Und wenn du mal

24 Stunden nur mit dir allein verbringen, dich auf deiner Couch ausruhen und gar nichts tun willst – auch okay!

Es ist egal, ob du deine Wohnung aufräumst, ob du dein Kind zur Welt bringst oder deine Nichte von der Schule abholst. Ob du den Vertrag für deinen neuen Job unterschreibst, eine Formel entdeckst oder ob du dich von einem Menschen trennst, der nicht gut zu dir war. Hauptsache, du nutzt deine Zeit für Dinge, die dir wirklich wichtig sind und die dich im Leben weiterbringen. Denn das ist das Einzige, was dir inneren Frieden geben kann.

Ich bin dankbar. Sehr dankbar. Und ich hoffe, dass ich genug Zeit auf dieser Welt haben werde, um am Ende nichts zu bereuen. Ich hoffe, dass ich es schaffe, alles zu machen, was ich mir vorgenommen habe. Mir meine Wünsche zu erfüllen – und bei anderen in guter Erinnerung zu bleiben. Ich hoffe, dass später über mich gesagt wird: *Die war verrückt und laut. Vielleicht hätte sie hin und wieder mal die Schnauze halten können. Aber alles in allem war sie ein wunderbarer Mensch – und sie hat ihr Leben wirklich gelebt.*

Es gibt Menschen, die glauben nicht an Gott – und das ist vollkommen in Ordnung für mich. Wenn ich Angst habe, bete ich zu Gott. Wenn ich Glücksmomente erlebe, danke ich Gott. Wenn ich Zweifel habe, frage ich Gott. Ich bin einfach unendlich froh, dass es diesen Bund zwischen ihm und mir gibt. Auch wenn ich sicher ein viel besserer Diener sein könnte, als ich es bin.

Aber ich glaube, dass er da oben manchmal ein bisschen über mich lacht. Er guckt auf mich runter und sagt: *Vielleicht hab ich ihr doch eine Spur zu viel Humor mitgegeben.* Manchmal schüttelt er auch den Kopf und sagt: *Was soll ich bloß mit dir machen, Mädchen?* Gleichzeitig versichert er mir immer wieder: *Ich weiß, du bist 'ne Gute. Ich seh in dein Herz.*

Ich sag's euch ehrlich: Ich hatte Angst vor der Zahl 40. Andererseits würde ich mein heutiges Leben gegen nichts auf der Welt eintauschen. Ich möchte auch nie wieder 20 sein. Weil ich ja mit 40 viel geiler aussehe als mit 20! Gott sitzt bestimmt da oben und hat gedacht: *Ach komm, ich geb ihr noch ein bisschen Glow. Danke!*

Meinen 40. Geburtstag habe ich mit meiner Familie und meinen Liebsten gefeiert. Ich wollte es richtig schick und edel und in einem krassen Kleid. Ich wollte mich feiern für alles, was ich in diesen vier Jahrzehnten geleistet habe. Was schon hinter mir liegt.

Und das solltet ihr auch viel öfter tun!

Ihr solltet euch feiern für eure Arbeit und eure Erfolge, für eure Fehler, eure Downs, eure Ups, eure Verluste, euer Versagen, euer Wiedergewinnen, eure Freunde und eure Fake Friends, eure großen Lieben und eure Fuckboys.

Feiert euch für alle Menschen, die gekommen und gegangen sind.

Für die Menschen, die ihr geliebt habt und die heute nicht mehr auf dieser Welt sind.

Für die Menschen, denen ihr vergeben habt.

Und für die Menschen, bei denen ihr noch auf dem Weg dahin seid.

Feiert euch dafür, dass ihr euch eure eigenen Schattenseiten angeschaut habt.

Dass ihr dumm wart.

Dass ihr klüger geworden seid.

Vor allem aber: dass ihr eure Zeit nicht vergeudet habt!

Ich habe es gefeiert, dass ich mich heute so annehme, wie ich bin. Wie mich Gott geschaffen hat. Samt meiner Makel, meiner Dehnungsstreifen, meiner launischen Brüste.

Ich habe mich gefeiert für die Träume, die ich mir noch nicht erfüllt habe, die aber immer näher rücken.

Und dafür, dass ich ich bin und dass ich nie jemand anders sein wollte.

Ich habe mich gefeiert dafür, dass ich lange gebraucht habe, mich zu finden. Aber jetzt, wo ich mich gefunden habe, werde ich mich nie wieder loslassen. Denn da, wo ich gerade bin, fühlt es sich genau richtig an. Und das feiere ich natürlich auch!

Hätte man mich gefragt, bevor ich auf die Welt kam: *Willst du dieses Leben?* Ich hätte definitiv *JA!* gesagt. Das Leben ist ein unfassbares Geschenk. Ich würde dazu immer wieder Ja sagen. Weil das alles hier einfach viel zu spannend ist.

Deshalb: Nutzt eure Zeit!

Und denkt immer dran:

THE FUTURE

IS

FEMALE!

DANK

An erster Stelle danke ich Gott, ganz klar.

Ich danke meiner Mutter für mein erfülltes Leben. Ich kann ihr nicht das zurückgeben, was sie mir geschenkt hat. Sie ist meine Königin und mein Königreich; ich wünsche ihr den schönsten und höchsten Platz im Paradies. (Eine Königin verdient mehr als eine Krone.) Sie hat das größte Herz und den stärksten Willen, sie hat die Geduld eines Engels, und sie besitzt die Fähigkeit zu vergeben.

Ich danke meinen Freunden für ihre Freundschaft, ihr Vertrauen und für die Inspiration, dieses Leben mit einem lachenden Auge zu sehen – auch wenn es manchmal zum Weinen ist. Danke an Clumsy, dass ich, seit sie in meinem Leben ist, weiß, was wahre Freundschaft ist.

Celia danke ich, dass sie die Leere in meinem Herzen mit Liebe gefüllt hat. Dieser kleine Mensch hat mir gezeigt, was bedingungslose Liebe bedeutet. Dass ich ein Kind lieben kann, auch wenn ich es nicht geboren habe, und dass ich für ein Kind sterben würde, auch wenn ich es nicht geboren habe.

Ich danke meinen Leserinnen, Zuschauern und Supportern – ohne euch wäre alles nur ein Traum. Ich danke euch, dass ich meine Träume leben darf und nicht nur träume.

Und ich danke Astrid, die die Geschichten mitfühlt, die ich erzähle, sie zu Papier bringt und mit einem Hauch von Zauber zum Leben erweckt. In vielen Geschichten gibt es eine gute Fee – und das, liebe Astrid, bist dann wohl du.

Mit ein wenig Bibidi-Babidi-Bu wird Aschenputtel zu Cinderella, und die Geschichte endet mit: *Und wenn sie nicht gestorben ist, dann lacht sie noch heute.*

Und an euch alle, die ihr dieses Buch gelesen habt – denkt immer daran: Senna ist für euch da.

PS: Ich liebe dich.

Senna Gammour

Liebeskummer ist ein Arschloch

Nie wieder Fuckboys

Taschenbuch.
Auch als E-Book erhältlich.
www.ullstein.de

Du bist keine Option – Du bist eine Priorität

Senna erklärt in ihrer unvergleichlich direkten Art nicht nur die miesen Tricks, die plumpen Manöver und verlogenen Sprüche von notorischen Herzensbrechern, sondern auch, wie du sie schon vom Mond aus erkennen kannst. Denn sie ist davon überzeugt: Der richtige Partner im Leben holt den besten Menschen aus dir raus. Ohne einen »Fuckboy« bist du schöner, besser und erfolgreicher. Senna erinnert uns alle daran, was wirklich wichtig ist: Selbstvertrauen, Mut, Unabhängigkeit und die Liebe zu sich selbst. Und genug Kleingeld, um mit der besten Freundin nach Ibiza zu fliegen …

ullstein